Walter Hansen
wurde 1934 geboren. Er studierte an der Universität
München und war Reporter, Redakteur und Ressortchef bei
diversen großen deutschen Tageszeitungen. Seit 1970 ist er
freier Schriftsteller. Er veröffentlichte zahlreiche Biografien
und kulturgeschichtliche Sachbücher und gewann mehrere
Literaturpreise. Sein bei Ueberreuter erschienenes
GROSSES PFADFINDERBUCH ist eines der bekanntesten
Standardwerke für Pfadfinder.

Von Walter Hansen
im Verlag Carl Ueberreuter erschienen:
  Das große Pfadfinderbuch
  Das Pfadfinder-Lexikon
  Das große Hausbuch für die Advents- und Weihnachtszeit

Walter Hansen

Pfadfinder-Handbuch

Tipps, Tricks, Abenteuer

UEBERREUTER

Die Deutsche Bibliothek - CIP-Einheitsaufnahme

Hansen, Walter:
Das Pfadfinder-Handbuch : Tipps, Tricks, Abenteuer / Walter Hansen.
– Wien : Ueberreuter, 2001
   Früher u.d.T.: Hansen, Walter: Das Pfadfinder-Taschenbuch
   ISBN 3-8000-1572-2

JS 0081/1
Umschlaggestaltung von Zembsch' Werkstatt, München, unter
Verwendung eines Fotos von Walter Hansen
Illustrationen von Heinz Bogner und Adolf Böhm
Copyright © 1997, 2001 by Verlag Carl Ueberreuter, Wien
Printed in Austria by Druckerei Theiss
7 6 5 4 3 2 1

Ueberreuter im Internet: www.ueberreuter.de

Dieser Band erschien in veränderter Ausstattung bereits 1997 unter
dem Titel »Pfadfinder Taschenbuch« im Verlag Carl Ueberreuter.

Inhalt

Singen und Theater spielen

Orientierungsspiele

Notsignale

ADRESSEN *161*

Geleitwort

Hartmut Keyler (rechts) mit Carl XVI. Gustaf, König von Schweden und
Ehrenpräsident der Weltpfadfinderstiftung

Das Leben von Pfadfinderinnen und Pfadfindern ist aufre-
gend, spannend und erlebnisreich. Wenn du in dem Buch
liest, wirst du das spüren.
Lebensregeln, die du freiwillig annimmst, die in der Gemeinschaft mit anderen zum Maßstab für dein tägliches
Handeln werden, sind wichtig.

Sie sind ein andauerndes Abenteuer mit Herausforderungen, mit Freude und Hoffnung, mit Begegnungen und Freundschaften.

In diesem Buch liest du von der Faszination der Pfadfinderbewegung, über ihr Entstehen, ihre Formen und Rituale, über das Ineinandergreifen von Methode, Begeisterung und sinnvollem Handeln.

Du liest von Symbolen, von großen Lagern mit eigenem Stil, von einer jugendlichen Internationalität, die weltweit verbreitet und hoch geachtet ist.

Du liest von Verantwortung, von Freude, von Tapferkeit und vom Spiel, vom großen Abenteuer des Lebens.

Es ist ein Taschenbuch geworden, kein Rezeptbuch – denn du findest dort viele Anregungen für dich persönlich, für Möglichkeiten, deine eigenen Fähigkeiten weiterzuentwickeln, und für das gemeinsame Spiel mit anderen. Also – ein echtes Pfadfinderbuch!

Lass dich auf dieses Abenteuer ein!

Es wird dein tägliches Handeln mitbestimmen.

Du wirst von einer großartigen Idee vielleicht dein Leben lang begleitet.

Du findest dort deine Freunde; du spürst, dass du zu einer weltweiten von Frieden und Freiheit bestimmten Gemeinschaft gehörst.

Nutze das Buch als Anregung zum großen Abenteuer deines Lebens.

München, im September 1996

Hartmut Keyler

Mitglied des Pfadfinder-Europakomitees von 1968–1972 und 1977–1980 · Mitglied des Pfadfinder-Weltkomitees von 1971–1975 und 1985–1993

DIE PFADFINDERBEWEGUNG

Der große Erfolg

38 Millionen Pfadfinder und Pfadfinderinnen

Du bist Mitglied der größten und erfolgreichsten Jugendbewegung der Welt: 28 Millionen aktive Pfadfinder und 10 Millionen aktive Pfadfinderinnen gibt's in 149 Ländern, 38 Millionen insgesamt, weit über eine halbe Million im deutschsprachigen Raum.
In aller Welt leben rund 80 Millionen sogenannte Altpfadfinder: Männer und Frauen, die in ihrer Jugend aktiv bei der Pfadfinderbewegung waren.

Königinnen, Rennfahrer, Showstars, Wissenschaftler

Du bist in bester Gesellschaft: Mitglieder der Pfadfinderbewegung sind oder waren die Königin von England, Prinzessin Margareth, der schwedische König, der Herzog von Luxemburg, der Prinz und die Prinzessin von Liechtenstein, Prinzessin Benedikte von Dänemark; nahezu alle Astronauten, unter ihnen Neil Armstrong, der als erster Mensch auf dem Mond mit dem Raumschiff Apollo 11 landete; Thor Heyerdal, der mit seinem Floß Kon-Tiki von Peru zu den ostpolynesischen Inseln segelte; der Tibetforscher und Eigernordwand-Erstbesteiger Heinrich Harrer; der Physiknobelpreisträger Werner Heisenberg; der Friedensnobelpreisträger und ehemalige Präsident Arias von Costa Rica; der Rennfahrer Walter Röhrl; der Historiker Golo Mann; der Showstar Thomas Gottschalk; die Politiker Leopold Figl, Norbert Blüm und Heiner

Einige Abzeichen von Pfadfinder- und Pfadfinderinnenverbänden aus der ganzen Welt

Uganda

Grönland

Thailand

Ruanda

Korea

Ghana

Tansania

Togo

Griechenland

Geißler, Präsident Kekkonen von Finnland; John F. Kennedy und fast alle amerikanischen Präsidenten der letzten 50 Jahre.

Sie alle gehören zu uns, zur internationalen Pfadfinderbewegung, die nach dem Willen ihres Gründers eine »große Bruderschaft« ist.

Der Gründer: Lord Baden-Powell

Der General, der aus der Kälte kam

Die Pfadfinderbewegung wurde 1907 von Robert Stephenson Smyth Baden-Powell Lord of Gilwell (1857–1941) gegründet, nach den Initialen seines Namens Baden-Powell kurz B. P. genannt, englisch ausgesprochen: Bi Pi.

Sein abenteuerliches Leben und seine Entwicklung zum Gründer der erfolgreichsten internationalen Jugendbewegung kannst du in meinem Buch *Der Wolf, der nie schläft* nachlesen.

Hier nur soviel:
B. P. war General des britischen Empire, ein Karrieretyp, an seiner Uniformjacke rasselten die Orden. Er kämpfte in Indien und Afrika, im Dschungel und in den Bergen des Himalaja. Er war zwei Jahre lang Geheimagent Ihrer Majestät, er wurde legendär als Kommandeur der von Buren vergeblich belagerten Stadt Mafeking in Südafrika. Er überlebte die Greuel, er kam aus der Kälte des Krieges – und hatte die Nase voll von Heldentum und Heldentaten. *Der Krieg* – so verkündete der Kriegsheld offiziell – *ist gottlos und unheilig . . . Er wird ausgelöst durch menschliche Schurkerei.*

Der Feldzug gegen den Krieg

Mit 50 Jahren startete der General seinen persönlichen Feldzug: gegen den Krieg – für den Frieden!
Stets hatte er ein Herz für Jugendliche. Er beobachtete sie

im Krieg, im Frieden, in der Wildnis und in der Großstadt. Und er stellte fest,

- dass junge Menschen weitaus intelligenter und verantwortungsbewusster sind, als bisher angenommen,
- dass sie glücklich und erfolgreich sind, wenn sie gefordert werden, und
- dass es eine hervorragende Möglichkeit gibt, Kriege zu vermeiden: wenn junge Menschen verschiedener Herkunft, verschiedener Rassen und verschiedener Religionen so früh wie möglich als Freunde zusammengeführt werden.

Solche Erkenntnisse waren neu. Bisher hieß es: jung ist dumm. Jungen und Mädchen wurden bevormundet, als unselbstständig eingeschätzt, mit Prügel und Karzerstrafen gedrillt, getrennt nach Standesunterschieden, nach arm oder reich. Sie wurden schon als Kinder eingestimmt auf den Krieg, der als unvermeidlich galt, als ganz normal.

B. P. war klar: Neue Erziehungsmethoden mussten her! Der General gab sich selbst den Befehl zur Attacke: 1907 gründete er die erste Pfadfindergruppe, 1908 schrieb er sein Buch »Scouting for Boys« (Pfadfinden für Jungen), 1910 warf er die Uniformjacke auf den Dachboden. Er quittierte den Armeedienst und widmete sich nur noch der Pfadfinderei. Der erste Riesenerfolg: König Edward VII. übernahm das Patronat für die große Bruderschaft.

Der pädagogische Weltbestseller:
Scouting for Boys

16

Die Revolution

Was B. P. damals sagte und schrieb, das war ein Startsignal für fortschrittliche Pädagogen – und eine Kampfansage an Lehrer und Erzieher, die am alten Zopf festhielten:
Junge Leute, so schrieb B. P., besitzen ihre eigene Welt ... sie gehorchen ihren eigenen Gesetzen ... Sie erleiden lieber ein Martyrium durch verständnislose Erwachsene, bevor sie ihre eigenen Gesetze brechen. Deshalb ist es an der Zeit, die wirkungslosen Erziehungsmethoden einer vergangenen Zeit aufzugeben ... Ein Junge ist kein Pulttier ... kein Philosoph und kein Stubenhocker. Er ist, Gott segne ihn dafür, bis zum Rande erfüllt von der Lust am Spaß, am Wagnis, an der Aufregung und am Kampf. Ist er es nicht, so schlägt er aus der Art. Unsere Aufgabe ist es, diese unbeugsamen Elemente ... in die richtigen Bahnen zu lenken, vor allem seine Lust am Kampf. Das gelingt am besten durch Wettkampf nach den Gesetzen sportlicher Fairness und durch konstruktiven Kampf. Auch das gibt es. Ich meine den konstruktiven Kampf gegen Elend, Hunger, Analphabetentum, gegen Armut, Intoleranz, Verständnislosigkeit. Auch Hilfsbereitschaft ist – wenn sie energisch genug durchgeführt wird – nichts anderes als Kampf, als Kampf fürs Gute. Gelingt es uns, die unbestreitbare Lust am Kampf ... in diese Bahnen zu lenken, dann haben wir eine ganz normale und unbeugsame Kraft junger Menschen positiv genützt.
Baden-Powells Ideen beeinflussten auch – was nur wenige wissen – die Erziehungsmethoden ganz allgemein, in Schulen, Internaten und Sportvereinen. Eine pädagogische Weltrevolution! *Die Methode Baden-Powells (scheint mir) ... die psychologisch am besten durchdachte zu sein,* schreibt Pierre Bovet, Professor für Philosophie und Psychologie an

der Universität Genf, ein bedeutender Erziehungswissenschaftler, in seinem Buch: *Baden-Powells geniale Idee.*

Dass diese Idee erhalten bleibt und immer aktuell ist, dass sie sich erneuert und mit den Realitäten der modernen Welt auftankt, dafür sorgen das aus zwölf Mitgliedern bestehende Pfadfinder-Weltkomitee und die Delegierten der alle zwei Jahre stattfindenden Weltkonferenz.

Heute wird die Pfadfinderbewegung für Jungen von »The World Organization of the Scout Movement« (WOSM) in Genf zentral organisiert.

Pfadfinderinnen

1916 übernahm Olave – Baden-Powells Frau – die seit 1909 bestehende Bewegung der Pfadfinderinnen, heute organisiert von »World Association of Girl Guides and Girl Scouts« (WAGGGS) in London.

In der deutschen Übersetzung klingt »Die große Schwesternschaft« etwas kurios, deshalb hat sich eingebürgert, den Begriff der »großen Brüderschaft« ganz allgemein auf die Pfadfinderei anzuwenden, egal ob Pfadfinder oder Pfadfinderinnen gemeint sind.

Dazu B. P.: *Die gleichen Prinzipien für Organisation und Ausbildung wie für Pfadfinder gelten auch für Pfadfinderinnen.* Und: *Die Grundlagen sind für beide gleich. Nur die Einzelheiten variieren.*

Fortschritt und Tradition

Zweck, Grundsätze, Methode

Baden-Powells pädagogische Idee wurde bei verschiedenen Pfadfinder-Weltkonferenzen entsprechend der zeitlichen Veränderungen immer wieder neu formuliert. Hier die seit 1977 aktuelle Version:

Die Pfadfinderbewegung ist eine freiwillige, nicht politische Erziehungsbewegung für junge Leute, die offen ist für alle ohne Unterschied von Herkunft, Rasse oder Glaubensbekenntnis, übereinstimmend mit

– Zweck,
– Grundsätzen und
– Methode,

die vom Gründer der Bewegung entwickelt wurden.

Zweck der Pfadfinderbewegung ist es, zur Entwicklung junger Menschen beizutragen, damit sie ihre vollen körperlichen, intellektuellen, sozialen und geistigen Fähigkeiten als Persönlichkeiten, als verantwortungsbewusste Bürger und als Mitglieder ihrer örtlichen, nationalen und internationalen Gemeinschaften einsetzen können.

Die drei Grundsätze lauten:

Erster Grundsatz: Verpflichtung gegenüber Gott. Das bedeutet: Festhalten an den geistigen Grundsätzen deines Glaubensbekenntnisses und Treue zu deiner Religion mit allen daraus erwachsenden Verpflichtungen.

Zweiter Grundsatz: Verpflichtung gegenüber anderen. Das bedeutet Treue gegenüber dem eigenen Land, Streben nach nationalem und internationalem Frieden und Verständigung der Völker, Mitarbeit bei der Weiterentwicklung der

Gesellschaft mit Achtung und Ehrfurcht vor der Würde des Nächsten und vor der Unverletzlichkeit der Natur dieser Welt.

Dritter Grundsatz: Verpflichtung gegenüber sich selbst. Das bedeutet Verantwortung für die positive Entwicklung deiner eigenen Persönlichkeit.

Die Pfadfindermethode ist ein System fortschreitender Selbsterziehung mit folgenden vier Punkten:

1. Du legst das Versprechen ab, nach dem Pfadfinderwahlspruch und den Pfadfindergesetzen zu leben.
2. Du »lernst durch Tun«.
3. Du bist Mitglied einer kleinen Gruppe, in der du folgendes lernst: Selbstständigkeit, Charakterfestigkeit, Verantwortungsbewusstsein, Selbstvertrauen und Zuverlässigkeit, außerdem die Bereitschaft zur Zusammenarbeit und Führung.
4. Die Pfadfindermethode bietet dir ein fortschrittliches und interessantes Programm verschiedenartiger Tätigkeiten: Spiele, sportliche Wettkämpfe, sinnvolle Handfertigkeiten, Dienste im Gemeinwesen. Und so weiter. Dieses Programm soll in engem Kontakt mit der Natur und der Umwelt abgewickelt werden.

Das Pfadfinderversprechen

Nur wer das Pfadfinderversprechen ablegt, wird in die große Bruderschaft der Pfadfinder aufgenommen. Seit der Gründung waren es ungefähr 250 Millionen Jungen und Mädchen.

Das Pfadfinderversprechen ist dem Sinn nach international verbindlich vorgeschrieben. Der Wortlaut variiert im deutschsprachigen Gebiet leicht von Land zu Land, er ent-

spricht sinngemäß dem Text, den ich bei meinem Versprechen gesagt habe und den ich heute noch auswendig kann:
Ich verspreche bei meiner Ehre, mein Bestes zu tun, meine Pflicht zu tun

- *gegenüber Gott und dem Vaterland,*
- *meinen Mitmenschen jederzeit zu helfen und*
- *dem Pfadfindergesetz zu gehorchen.*

Das Pfadfindergesetz

Entsprechend der Pfadfindermentalität ist das Pfadfindergesetz aktiv formuliert, nicht passiv. Es wird nichts verboten, sondern gesagt, was Sache ist:

1. Auf die Ehre des Pfadfinders kann man bauen.
2. Der Pfadfinder ist treu.
3. Der Pfadfinder ist hilfsbereit.
4. Der Pfadfinder ist Freund aller Menschen und Bruder aller Pfadfinder.
5. Der Pfadfinder ist höflich und ritterlich.
6. Der Pfadfinder schützt Pflanzen und Tiere.
7. Der Pfadfinder ist gehorsam.
8. Der Pfadfinder lacht und pfeift in allen Schwierigkeiten.
9. Der Pfadfinder ist fleißig und sparsam.
10. Der Pfadfinder ist rein in Gedanken, Worten und Werken.

Zum 7. Gesetz ist zu sagen: Der Gehorsamsbegriff beinhaltet Kritikfähigkeit und Verantwortungsbewusstsein. Blinden Gehorsam gibt's nicht.
Das 8. Gesetz wurde manchmal belächelt. Zu Unrecht. Natürlich gibt's Situationen, in denen keiner lachen oder pfeifen soll. B. P. hat sich hier bildhaft ausgedrückt und

gemeint: Ein Pfadfinder soll sich durch keine noch so schwierige Situation entmutigen lassen.

Der Pfadfinderwahlspruch

Der von B. P. gewählte Pfadfinderwahlspruch heißt »Be Prepared«. »Sei bereit« oder »Allzeit bereit«. B. P. hat das genauer definiert: *Jeder Pfadfinder soll geistig und körperlich bereit sein, seine Pflicht zu tun.*

Die Pfadfinderlilie

Das Abzeichen der Pfadfinder ist die Lilie.
B. P. hat die Lilie so gedeutet: Zum einen gilt sie als Symbol der Reinheit. Zum anderen hat sie die früher gebräuchliche Form der Kompassnadel, die verlässlich in eine Richtung zeigt und den richtigen Weg zu finden ermöglicht. Ihre drei Lilienblätter erinnern an die drei Punkte des Pfadfinderversprechens.
Die Lilienform ist für Pfadfinderabzeichen verschiedener Länder unterschiedlich gestaltet. Die internationale Lilie für Pfadfinder sieht so aus:

Das Abzeichen des Pfadfinder-Weltverbandes

Das Pfadfinderinnen-Kleeblatt

Abzeichen der Pfadfinderinnen ist das dreiblättrige Kleeblatt, ein uraltes Symbol für Nächstenliebe. Die drei Blätter erinnern an die drei Punkte des Pfadfinderversprechens.

Das Kleeblatt ist von Land zu Land unterschiedlich gestaltet.

Das internationale Kleeblatt für Pfadfinderinnen seht ihr hier.

Wenn Pfadfinder und Pfadfinderinnen einen gemeinsamen Verband bilden, werden Lilie und Kleeblatt im Abzeichen zusammen abgebildet.

Das Abzeichen des Pfadfinderinnen-Weltverbandes

Die Pfadfinderkluft

Die Kluft, Tracht oder Uniform der Pfadfinderbewegung hat vielerlei Zwecke.

Ursprünglich war sie eine Demonstration für Gleichberechtigung unterschiedlicher sozialer Gruppen. Denn zur Gründerzeit der Pfadfinderbewegung ließ sich an den snobistisch eleganten oder ärmlichen Kleidern auf den ersten Blick erkennen, ob ein Jugendlicher aus höherer oder niedriger Gesellschaftsschicht stammte, ob seine Eltern reich waren oder arm.

Mit der Pfadfinderkluft wurde signalisiert: Seht her, wir sind alle gleich. Bei uns ist es egal, ob einer arme oder reiche Eltern hat.

Ein weiterer Zweck: Die Kluft soll erkennbar machen, dass du – wie B. P. sagt – *zur großen Bruderschaft gehörst.* In der Tat demonstriert die Kluft auf der ganzen Welt eine »Corporate identity«, ein gemeinsames Erscheinungsbild, auch wenn sie von Land zu Land in Kleinigkeiten variiert: Farbe des Hemdes, Form der aufgenähten Lilie usw.

Die Pfadfinderkluft soll zweckmäßig sein, vor allem für Spiele im Freien. Das für die Pfadfindertracht typische Dreiecks-Halstuch beispielsweise ist als Signalfahne ver-

Einige Abzeichen von Pfadfinder- und Pfadfinderinnenverbänden aus der ganzen Welt

Indien

Norwegen

Türkei

Niederlande

Island

Nepal

Japan

Swaziland

Panama

wendbar, als Verband, als Armschlinge und – mit anderen verknüpft – als Rettungsseil.

Am Pfadfinderhut mit der breiten Krempe entzünden sich die Gemüter: Die einen verteidigen ihn als vertrautes Relikt aus der Gründerzeit, den anderen geht schon beim Gedanken daran der Hut hoch. Sie empfinden ihn als veraltet. Die dritten meinen: Nicht was ein Pfadfinder auf dem Kopf hat, ist entscheidend, sondern was er im Kopf hat. Tatsache ist: Der Hut verschwindet immer mehr zugunsten anderer Kopfbedeckungen. Das Barett setzt sich durch.

Der Pfadfindergruß

Auf der ganzen Welt haben Pfadfinder diesen Gruß gemeinsam: rechte Hand in Schulterhöhe, Handfläche nach vorne.

Drei ausgestreckte Finger bedeuten die drei Punkte des Versprechens, und mit dem Daumen auf dem kleinen Finger ist gemeint: Der Starke beschützt den Schwachen.

International ist der Pfadfinderbrauch, beim Gruß die linke Hand zu reichen, mit leicht abgespreiztem kleinen Finger, so dass eine zusätzliche Verschränkung des Handschlags entsteht. Der Pfadfindergruß im deutschsprachigen Raum lautet: »Gut Pfad«.

Der Pfadfindergruß

Der Pfadfinderpfiff

B. P. hat ein internationales Erkennungszeichen komponiert: den Pfadfinderpfiff. Er hört sich so an:

Der Pfadfinder-Schutzpatron

Schutzpatron der Pfadfinder ist der heilige Georg: um 280 in Kappadozien geboren, römischer Offizier unter Kaiser Diokletian, 303 als Christ zu Tode gemartert, legendärer Ritter und Drachentöter, Symbol für Ritterlichkeit, Mut und Hilfsbereitschaft. Er rettete, der Legende nach, die Königstochter von Beirut, die dem Drachen als Opfer dargeboten werden sollte. Gedenktag: 23. April.

Religion

Niemand ist sehr gut, schreibt B. P., *wenn er nicht an Gott glaubt und seine Gesetze befolgt. Deshalb muss jeder Pfadfinder eine Religion haben.*
Wohlgemerkt:... *eine Religion.* Keine bestimmte. Die Pfadfinderbewegung ist überkonfessionell.

Die tägliche gute Tat

Die Empfehlung zur täglichen guten Tat wurde B. P. im Munde umgedreht, verfälscht, missverstanden und viel verspottet. B. P. hat sich nach dem Prinzip *pars pro toto* ausgedrückt: ein Teil stellvertretend fürs Ganze. Also nicht: täglich auf Teufel komm raus eine alte Frau über die Straße führen, damit die gute Tat abgehakt ist – sondern ganz allgemein: einen Blick bekommen für Not und Hilfsbedürftigkeit, hellhörig werden für die verschiedenen Möglichkeiten der Hilfsbereitschaft, ein freundliches Gefühl entwickeln für die Mitmenschen. *Der beste Weg dafür –* so Originalton B. P. *– besteht darin, dass ihr euch vornehmt,*

jeden Tag mindestens eine gute Tat jemandem zu erweisen,
und bald werdet ihr euch angewöhnen, immer gute Taten
zu tun...

Das System der kleinen Gruppen

Du gehörst zu einer Gruppe von 6 bis 8 Mitgliedern. Diese
Kleingruppe ist die erzieherische Keimzelle der Pfadfinde-
rei. Sie wird im deutschsprachigen Gebiet unterschiedlich
bezeichnet: Sippe, Patrouille oder – wie in der Schweiz –
Fähnli (Fähnlein). In diesem Buch verwende ich die von
B. P. ursprünglich gewählte Bezeichnung: Patrouille.
In Patrouillen entwickelt sich eine starke Gruppendyna-
mik. *Hauptzweck des Patrouillensystems ist es,* schreibt
B. P., *möglichst vielen Mitgliedern Verantwortung zu
übertragen. Jeder trägt Verantwortung dafür, dass seine
Patrouille eine gute Patrouille ist, und jede Patrouille trägt
Verantwortung dafür, dass der Trupp, dem sie angehört, ein
guter Trupp ist.*
Mehrere Patrouillen sind zu einem Trupp zusammenge-
schlossen. Andere Bezeichnungen im deutschsprachigen
Raum für Trupp sind: Stamm oder Gruppe.
Im System der kleinen Gruppen, so schrieb B. P., *unter-
scheidet sich die Pfadfinderbewegung von allen anderen
Organisationen.*
Einspruch, Euer Ehren!
Das hat sich geändert. Erziehungswissenschaftler haben
inzwischen erkannt: Charakter, Verantwortungsbewusst-
sein, Selbstvertrauen, Kritikfähigkeit, Zuverlässigkeit und
Teamgeist entfalten sich am besten in einer Kleingruppe
von 6 bis 8 Mitgliedern. Baden-Powells System wird von
vielen Jugendorganisationen kopiert, von Sportvereinen,

Internaten, Schulen, vom Militär, in der Politik und in der Wirtschaft, im Management und in der Verwaltung. Sogar in der Fabrikationsarbeit verdrängt das System der kleinen Gruppen immer mehr den Massenbetrieb der Fließbandarbeit.

Der Leiter

Jede Patrouille soll aus ihren Reihen einen Leiter wählen. Er wird also keinem vor die Nase gesetzt, er ist kein Vorgesetzter und kein Lehrmeister.

Die Aufsicht über Patrouillenleiter und Patrouillen haben die Truppleiter, im deutschsprachigen Raum auch Stammesleiter, Feldmeister oder Gruppenleiter genannt. Allerdings: Die Aufsicht ist sehr liberal zu verstehen: *Erwartet viel von euren Patrouillenleitern,* empfiehlt B. P. den Truppleitern, *stattet sie mit viel Macht und Verantwortung aus, lasst sie machen, in 9 von 10 Fällen werden die Patrouillenleiter euren Erwartungen entsprechen.*

Die Woodbadge-Ausbildung

Die Truppleiter sind Erwachsene und werden in international anerkannten Pfadfinder-Lehrgängen ausgebildet.

Wer eine internationale Truppleiter-Ausbildung hat, bekommt das Woodbadge-Abzeichen: zwei Holzstücke, die an einen Lederriemen gebunden sind (wood = Holz, badge = Abzeichen). Deshalb auch: Woodbadge-Ausbildung.

Totemtier

Zu den Traditionen der Pfadfinderbewegung gehört das Totemtier. Es wird von jeder Kleingruppe gewählt und auf dem Wimpel abgebildet.

Totem ist bei Naturvölkern ein Schutzdämon, ein Ahnentier, ein Familiensymbol mit magischen Kräften.

Das Totemtier der Pfadfinder hat natürlich nichts mit Magie zu tun. B. P. wollte damit Forscherdrang und Naturverbundenheit fördern: Die Patrouille soll den Lebensgewohnheiten des gewählten Totemtieres – eines Fuchses etwa – in der Natur und in der Fachliteratur nachspüren und Spezialkenntnisse erwerben.

Die ursprüngliche Idee wird inzwischen beträchtlich variiert: Heute wählen Kleingruppen als Totem auch Donald Duck oder Asterix, mitunter auch bewunderungswürdige Menschen wie den Urwalddoktor Albert Schweitzer.

Logbuch

Das Log ist ein Messgerät für Schiffsgeschwindigkeit, das Logbuch ein gesetzlich vorgeschriebenes Schiffstagebuch. Das Logbuch der Pfadfinder ist ein Patrouillen-Tagebuch, eine Chronik mit Aufzeichnungen über lustige oder ernste Begebenheiten, Reisen oder Aktionen usw.

Auslandsreisen

Die Pfadfinderbewegung ist international. Auslandsreisen und gegenseitige Besuche von Pfadfindergruppen verschiedener Länder sind selbstverständlich und – laut B. P. – »Kreuzzüge für den Frieden«. Zu diesen »Kreuzzügen für

den Frieden« gehören auch Hilfsaktionen der Pfadfinder in
Entwicklungsländern: Pfadfinder bauen Wasserleitungen
im Sudan, Kindergärten in Kamerun, Waisenhäuser und
Notunterkünfte in Katastrophengebieten.

Jamborees

Sie sind die spektakulärsten Demonstrationen des internationalen Charakters der Pfadfinderbewegung: die Jamborees, Weltpfadfindertreffen, seit 1920 alle vier Jahre veranstaltet, ausgenommen die Jahre während des Zweiten
Weltkriegs und das Jahr 1979, als aus politischen Gründen
das in Neishabur, Iran, geplante Jamboree abgesagt werden
musste.
Das Jamboree 1947 in Moisson, zwei Jahre nach dem Krieg,
als Europa in Trümmern lag, war das erste internationale
Zusammentreffen, bei dem es keine Sieger und keine
Besiegten gab – sondern junge Menschen, Pfadfinder und
Pfadfinderinnen, Mitglieder der großen Bruderschaft, ohne
Unterschiede von Herkunft, Rasse und Religion.
»Jamboree« ist ein Dialektwort der Indianer und bedeutet:
friedliche Zusammenkunft der Stämme.
Heute kommen zu einem Jamboree rund 20.000–50.000
Pfadfinder und Pfadfinderinnen aus 141 Ländern.

Abenteuerspielplatz Natur

Wälder, Felder, Berge, Seen – die Natur ist Abenteuerspielplatz der Pfadfinderei. Das schließt nicht aus, dass gelegent-
lich nach Lust und Laune und vor allem an Winterabenden
im Heim gespielt und debattiert wird. Aber: *Das Leben im*

Freien ist das echte Ziel des Pfadfindertums und der Schlüssel zu seinem Erfolg, sagt Baden-Powell. Und: *Der Geist des Abenteuers, jedem jungen Menschen angeboren, ist in der überfüllten Stadt schwer zu finden.* – Das Beobachten und Erkennen kleiner Dinge in der Natur, der Tiere und Pflanzen, ist lehrreich und macht vor allem Spaß und Vergnügen. Es macht glücklich.

Die Pfadfinder-Wegzeichen

B. P. hat die besonderen Wegzeichen für Pfadfinder und Pfadfinderinnen teils selbst erdacht, teils von Waldläufern übernommen, die sich auf diese Weise vertrauliche Botschaften übermitteln.

Wegzeichen werden beispielsweise in den Boden gekratzt oder mit Zweigen gebildet, immer unauffällig am Wegesrand und ohne etwas zu beschädigen.

Das sind die Pfadfinder-Wegzeichen:

⊢→	Folge diesem Weg
✕	Diesem Weg nicht folgen
⊢ııı ııı ↗	Wir haben geteilt: drei links, vier rechts, teilt euch!
△→	Weg zum Lagerplatz
⊠ˣ→	10 Schritte von hier ist eine Mitteilung verborgen
⊜→	Trinkwasser

⊕→	Weg zum Wasser, das man nicht trinken kann
⟩⟩⟩	Freunde
⟩⟩⟨	Feinde
△	Gefahr!
▢ᵛ	Warte hier 5 Minuten
⊙	Ich habe meine Aufgabe erfüllt und bin nach Hause gegangen

Pfadfinder-Postenlauf

Ein klassisches Pfadfinder-Wettkampfspiel. In Konkurrenz mit anderen werden pfadfinderische Kenntnisse bewiesen und Punkte gesammelt. Postenläufe gibt's in verschiedenen Varianten. Eine könnte etwa so aussehen:
Mehrere Patrouillen folgen in Abständen von 15 Minuten einer von Wegzeichen gekennzeichneten Strecke und treffen auf Posten, wo sie möglichst schnell und perfekt bestimmte Aufgaben erfüllen, so zum Beispiel:

- Nordrichtung ohne Kompass feststellen,
- einen Bach mit Seilbrücke überqueren,
- verschiedene Blätter den Bäumen zuordnen, von denen sie gefallen sind,
- Geheimschrift entschlüsseln,
- Nachricht per Morsesystem übermitteln,
- Spuren im Lehm deuten und bis zum nächsten Posten verfolgen.

Pfadfinder
beim Lagerfeuer

Zu Mittag kocht jede Patrouille ein vorgegebenes Gericht. Die Jury beurteilt Qualität von Feuerstelle und Essen. Nachmittag gibt's einen Wettstreit im Theaterspielen. Jede Patrouille spielt ein kurzes Stück, einen Sketch oder ein kleines Musical zu einem Lied.

Abends beim Lagerfeuer ist dann Siegerehrung. Manchmal auch nicht. Denn hin und wieder wird bewusst auf Wettkampf und Punktemacherei verzichtet. Es gibt dann keine Ersten, Zweiten, Dritten usw. Jede Patrouille bekommt eine schriftliche Beurteilung ihrer Leistungen.

Lernen durch Tun

Der von B. P. geprägte Begriff »learning by doing« wurde von Erziehungswissenschaftlern übernommen und wird heute weltweit praktiziert.

Gemeint ist: Lernen durch Tun, lernen durch Erfahrung, lernen durch Tätigkeit, durch Beobachten und Schlüsse ziehen. Das bedeutet auch: Fehler machen, Fehler korrigieren, aus Fehlern lernen. Vor allem aber soll Lernen und Tun immer Spaß machen und immer Spiel sein.

Die Pfadfinderei, so B. P., *ist ein vortreffliches Spiel, wenn wir unsere ganze Kraft hineinlegen und es richtig und mit echter Begeisterung anpacken.*

DAS GROSSE SPIEL

Die Kunst des Feuermachens

Ein Vorrecht der Könige und Häuptlinge

Das Spiel mit dem Feuer – eine ernste Sache! Feuer zu erhalten und zu zähmen gehört zu den ersten Beweisen menschlicher Intelligenz. Feuer anzünden durften früher nur Könige, Häuptlinge und Medizinmänner. Das Feuer galt als heilig, als Geschenk der Götter, als Schutz vor Dämonen, als Elixier des Lebens. Feuermachen war eine Kunst, die nur wenige beherrschten – und es ist eine Kunst geblieben, vorausgesetzt, du verzichtest auf Zündhölzer und Feuerzeug. Zu den tollsten Künsten gehört es, Feuer aus Wasser zu machen.
Doch alles der Reihe nach.

Funken fliegen gern nach Lee

Wenn ihr Feuer machen wollt: erst mal klären, ob es am geplanten Ort erlaubt ist. Wenn ja, dann achtet drauf, dass nichts anbrennt. Brandgefahr besteht vor allem:
- auf Wiesen mit verdorrtem Gras, auf Böden mit herabgefallenen Zweigen und trockenen Blättern, auf Wiesen und Äckern, wo Heu und Stroh herumliegen;
- in Lichtungen zwischen trockenen Bäumen, besonders im Hochsommer und im Herbst;
- in der Nähe von Wäldern, gefälltem Holz, Reisighaufen, Heustadeln und dergleichen, wenn sie in Lee-Richtung liegen: in der Richtung, wo der Wind hinweht und möglicherweise Funken hinwirbelt. Vorsicht, wenn der Wind umschlägt!

• auf Moor und Moosboden. Das Feuer kann unterirdisch weiterglimmen und nach Tagen an anderer Stelle ausbrechen. Immer daran denken, wird meist vergessen!

Der sicherste Untergrund: festes und feuchtes Erdreich, Geröll, Steine, Sandbank. Auf einer Wiese darf kein Gras verbrennen. Trotzdem lässt sich dort eine Feuerstelle machen – indem du Rasenziegel ausstichst, aufbewahrst und hinterher wieder einsetzt.

Brandheißer Tipp: Birkenrinde

Brennspiritus, chemische Feueranzünder, fertige Grillkohle und Papier lassen uns kalt. Interessant für Pfadfinder und Pfadfinderinnen ist nur Material aus der Natur.

Zum Feuermachen brauchst du
• Unterzünder,
• Weichholz,
• Hartholz und
• möglicherweise frisches Holz mit Blättern.

Der Unterzünder soll die erste Flamme aufnehmen und nicht verlöschen lassen. Weitaus am besten ist Birkenrinde, in Streifen vom Stamm geschnitten, freilich nur von gefällten Bäumen, von lebenden allenfalls in Notfällen. Auch nasse Birkenrinde brennt.

Gut geeignet sind auch aufgespaltete Weichholzäste in Streichholzstärke oder dünne Holzkringel nach Art von Hobelspänen, mehr geschabt als geschnitten.

Über den Unterzünder schichtest du am besten Weichholz. Es nimmt die Flamme schneller auf als Hartholz. Auch hier ist Birkenrinde am besten, es brennt in nassem Zustand und bei Regen. Gut geeignet sind Äste von Fichte, Kiefer, Tanne (wegen des Harzgehaltes), außerdem Hasel und Lärche.

Die Äste sollen trocken sein, aber nicht glasig-brüchig. Spalte jeden Ast mindestens einmal der Länge nach. Denn Scheite brennen besser als Rundhölzer.

Soll das Feuer lange halten und gute Glut bieten, dann nimm Harthölzer; Buche, Eiche oder Ahorn.

Hartholz fängt nur langsam Feuer, es soll also erst nachgelegt werden, wenn das Weichholz verlässlich in Flammen steht.

Frisches Holz mit frischen Blättern, auf ein gut loderndes Feuer gelegt, entwickelt Qualm und Rauch. Das ist bestens geeignet für Signalfeuer, Notfeuer oder zur Abwehr von Mücken. Aufpassen: Zuviel Frischholz und Blätter können das Feuer ersticken!

Wenn Pyramide und Pagode brennen

Von den verschiedenen Feuerarten – siehe Bildseite – ist das Pyramidenfeuer am meisten gebräuchlich, benannt nach der von Hölzern gebildeten Pyramidenform. Die Öffnung zum Unterzünder, wo das Feuer entfacht wird, soll auf der Luv-Seite liegen: Von dorther kommt der Wind, er bringt Sauerstoff und heizt die Flammen an. Wenn er zu stark ist, musst du ihn abschirmen, sonst bläst er dir das Feuer aus.

Das Pyramidenfeuer eignet sich für fast alle Pfadfinderaktivitäten, zum Kochen und als kleines Lagerfeuer. Der Holzverbrauch lässt sich genau dosieren, das Holz verbrennt bis zum letzten Scheit.

Das Pagodenfeuer brennt außergewöhnlich hell und hat sich deshalb als großes Lagerfeuer und als Notsignal bewährt. Die Holzscheite bilden eine Pagode, die Form eines ostasiatischen Tempelbaus. Daher der Name.

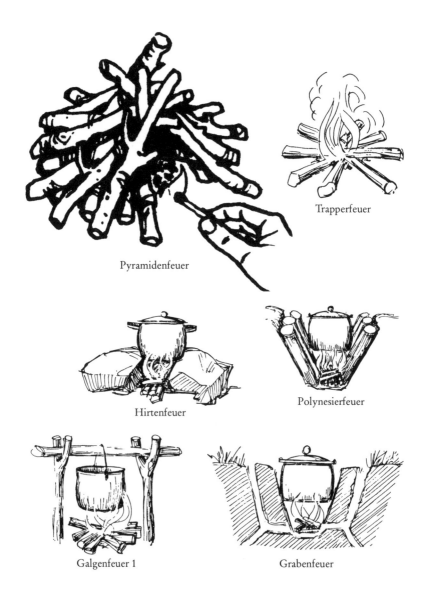

Pyramidenfeuer

Trapperfeuer

Hirtenfeuer

Polynesierfeuer

Galgenfeuer 1

Grabenfeuer

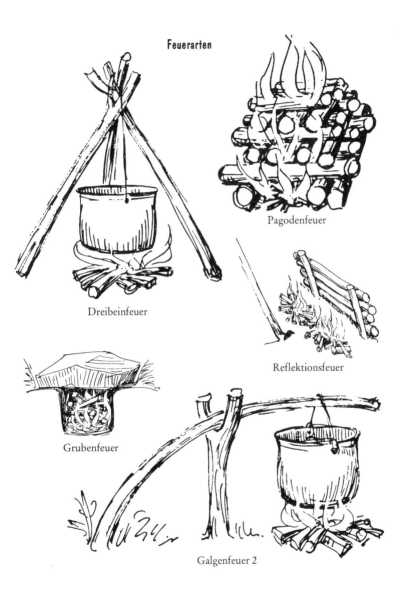

Feuerarten

Dreibeinfeuer

Pagodenfeuer

Reflektionsfeuer

Grubenfeuer

Galgenfeuer 2

Die Pagode lässt sich nicht leicht in Brand setzen. Mach deshalb ein Pyramidenfeuer zum Anzünden darunter.

Das Trapperfeuer

Nur nicht auffallen! Wenn's darum geht, empfiehlt sich das Trapperfeuer, auch Jäger- oder Sternfeuer genannt. Es brennt mit geringem Feuerschein und wenig Rauch. Die Namen erklären sich so: Trapper wollten keine Indianer anlocken, Jäger wollen das Wild nicht verscheuchen, und Sternfeuer heißt es, weil die Holzscheite sternförmig nach innen zur Glut geschoben werden.

Feuer, das bei Regen brennt

Es kommt bald Regen, du willst kochen und hast kein Dach über dem Kopf? Da gibt's einige Möglichkeiten. Zum Beispiel das Grabenfeuer: In einer kegelförmigen Grube wird Feuer entfacht und ein Kochtopf darüber geklemmt (der das Feuer vor Regen schützt). Seitliche Schächte müssen Luft zuführen und den Regen abfließen lassen.
Ähnlich ist das Polynesierfeuer: Eine kegelförmige Grube wird rundum mit Hartholzscheiten ausgelegt. In der Mitte machst du ein Feuer aus Weichhölzern. Wenn das Hartholz glüht, kommt der Kochtopf drauf.
Das Hirtenfeuer wird zwischen zwei Steinen entzündet. Der Kochtopf darüber schützt es vor Regen.
Im sogenannten Grubenfeuer kannst du die Glut lange erhalten und vor Regen schützen: Gib Glut in die Grube und lege eine Steinplatte drüber. Sie soll locker liegen, so dass nur wenig Luft dazu kann.

Zum Aufhängen ein Galgenfeuer

Das Galgenfeuer ist kein Überbleibsel mittelalterlicher Rechtspflege. Es wurde nach dem Galgen benannt, der zum Aufhängen des Kochkessels dient. So ergibt sich auch der Name für das Dreibeinfeuer.

Beim Reflektionsfeuer – auch Rückstrahlfeuer genannt – reflektiert eine Wand aus Steinen oder frischen Hölzern die Hitze in eine bestimmte Richtung. Wenn es sehr kalt ist, kannst du einen Kreis von Reflektionsfeuern um den Lagerplatz herum aufbauen.

Die zündende Idee

Der erste Feuermacher war der Blitz: Er schlug ein – und das Feuer war da. Ohne Blitz ging nichts.

Später kamen die Menschen auf eine zündende Idee: Feuer selber machen, mit Feuersteinen, aus denen Funken fliegen, wenn man sie zusammen schlägt.

Heutzutage funktionieren die meisten Feuerzeuge nach demselben Prinzip: Der Funke vom Feuerstein entflammt einen benzingetränkten Docht oder einen Gas-Strom.

Mit Feuerzeug und Zündhölzern wirst du üblicherweise auch dein Lagerfeuer anzünden. Hin und wieder jedoch solltest du dir den Spaß machen, archaische Künste zu probieren: die Methoden der Trapper, Indianer und der Steinzeitmenschen.

Gib dem Funken Zunder

Mehrere Methoden bieten sich an. In jedem Fall brauchst du zuerst einmal einen Zunder, extrem leicht brennbares Material, so zum Beispiel:
- einen Feuerschwamm. Er ist ein salpeterhaltiger Baumpilz.
- Oder Flaum und kleine Kringel von Birkenrinde.
- Oder sonnengedörrtes, fein zerriebenes Holz von Birken und harzreichen Bäumen: Kiefer, Fichte, Tanne.
- Oder Holundermark, fein zerkrümelt und in der Sonne gedörrt.

Der Zunder soll mit einem kleinen Erdwall oder einem Steinkranz umgeben sein, damit er nicht fortfliegt. Du musst nämlich leicht reinpusten – also Sauerstoff zuführen –, damit der Funke vom Feuerstein den Zunder entflammt.

Feuersäge – Nervensäge

Mit Feuerbohrer oder Feuersäge lässt sich Feuer durch Reibung machen:
Ein Hartholzstab wird in den Zunder oder in ein sonnen-

Feuerbohrer und Feuersäge

gedörrtes Weichholzbrett gepresst und mit einer Schnur oder einer Bogensehne gequirlt. An der Reibestelle entsteht Glut. Reinpusten – und die Flamme ist da. Oder auch nicht. Die Feuersäge ist eine Nervensäge, sie erfordert Erfahrung, Schweiß und viel Geduld. Nur nicht aufgeben!

Scharfe Brille – heiße Flamme

Ohne Schweißtreiberei geht's mit einem Brennglas: Die Konvexlinse bündelt die Parallelstrahlen der Sonne zu einem glühend heißen Brennpunkt, der in den Zünder gezielt wird – und schon züngelt die Flamme.
Die scharfe Brille eines Weitsichtigen funktioniert nach demselben Prinzip – manchmal in unerwünschter Weise. Wenn's der Teufel will, liegt die Brille auf dem Schreibtisch so ungünstig in der Sonne, dass Papiere in Brand geraten.

Feuer aus Wasser

Der Brennglas-Effekt ermöglicht die verblüffendste Art, Feuer zu machen: mit Wasser.
Du brauchst nur zwei mit Wasser gefüllte Uhrgläser zusammenzupressen. Füllen kannst du sie mit einem Wassereimer. Das Wasser bildet ein Brennglas, und mit diesem Wasser kannst du Feuer entfachen.
Erstaunlich ist auch eine Methode der Eskimos: Sie schmirgeln und schleifen zwischen ihren Händen so lange ein Stück Eis, bis sich ein Brennglas bildet. Feuer aus Eis – auch das gibt's.

Wasser zwischen zwei Uhrdeckeln

Zum Abschied ein Rhombus

Nach einem Lagerfeuer soll nichts mehr übrig bleiben – kein verkohltes Holz, keine Asche, nicht einmal ein verbrannter Fleck auf dem Boden. Deshalb ist es unerlässlich, Erdreich, Sand und Steine umzugraben und die Rasenziegel wieder einzusetzen. (Die Rasenziegel hast du vorher ausgehoben, um das Gras nicht zu verbrennen.)
Vor allem aber: Übergieße das Feuer mit Wasser und verlasse es nur, wenn du sicher bist, dass kein Funke mehr glüht, dass nichts passieren kann.
Lege zum Abschied einige Zweige in beliebigem Muster über die Feuerstelle: Dreieck, Rechteck, Rhombus. Wenn es kurz danach in der Nähe brennt, kannst du mit den unversehrten Zweigen beweisen, dass von deiner Feuerstelle kein Brand ausgegangen ist.

Spiel mit Pfiff: Morsen

Gespräch mit Punkt und Strich

Nachrichten mit Morsezeichen übermitteln – das lernen Pfadfinder und Pfadfinderinnen, Schiffskapitäne, Seeleute, Piloten, Astronauten, Forschungsreisende, Expeditionsteilnehmer, Extremsportler, Mitglieder von Rettungsmannschaften wie Bergwacht und dergleichen.
Morsen gehört zu den Methoden der internationalen Nachrichtenübermittlung, zu den Pfadfinderspielen und,

in Notfällen, zu den lebensrettenden Survivaltechniken (Survival = Überleben).
Das Morsealphabet ist eine von dem amerikanischen Kunstmaler Samuel Morse (1791–1872) erfundene Zeichensprache mit Punkten und Strichen:

Buchstaben:

a	· –	g	– – ·	o	– – –	ü	· · – –
ä	· – · –	h	· · · ·	ö	– – – ·	v	· · · –
b	– · · ·	i	· ·	p	· – – ·	w	· – –
c	– · – ·	j	· – –	q	– – · –	x	– · · –
ch	– – – –	k	– · –	r	· – ·	y	– · – –
d	– · ·	l	· – · ·	s	· · ·	z	– – · ·
e	·	m	– –	t	–		
f	· · – ·	n	– ·	u	· · –		

Zahlen:

1	· – – – –	4	· · · · –	7	– – · · ·	0	– – – – –
2	· · – – –	5	· · · · ·	8	– – – · ·		
3	· · · – –	6	– · · · ·	9	– – – – ·		

Satzzeichen:

Punkt	· – · – · –	Fragezeichen	· · – – · ·
Komma	– – · · – –	Apostroph	· – – – – ·

Sendezeichen:

Irrung	· · · · · · · ·	Schlusszeichen	· – · – ·
Verstanden	· · · – ·		

Am besten lernst du das Morsealphabet, indem du jeden Tag ein paar Sätze schreibst. Nach jedem Buchstaben ein Schrägstrich, nach jedem Wort zwei Schrägstriche:
· – / · – · · / · – · · / – – · · / · / · · / – // – · · · / · / · – · / · / · · / – //

Pfeifsignal und Feuerzeichen

Morsen kannst du am einfachsten mit der Trillerpfeife. Mach nach jedem Buchstaben eine kleine Pause, nach jedem Wort eine lange. Ein Spiel mit Pfiff, unüberhörbar auch für den, der es nicht hören will.
Lautlos geht's auch.
Mit Feuer- und Rauchsignalen: Du deckst nachts die Flammen oder tagsüber den Rauch rhythmisch mit einer Zeltplane ab – kurz, lang, kurz, kurz, lang.
Mit einer Taschenlampe, die eine Blinktaste haben soll.
Mit Armsignalen: Nimm eine Signalflagge, ein Halstuch, einen buschigen Ast oder – nachts – eine Fackel in die Hand. Strecke den Arm waagrecht aus.
Senkrecht hochheben bedeutet: Punkt
Halbkreis über den Kopf bedeutet: Strich.
Zweite Methode: Nimm Signalflaggen in beide Hände und senke die Arme. Einen Arm in die Waagrechte bedeutet: Punkt. Zwei Arme in die Waagrechte bedeuten: Strich.

Kaum einer kennt noch Semaphor

Ein vor allem für den Schiffsverkehr entwickeltes System beidhändiger Flaggensignale ist das Semaphor-Alphabet. Du hältst zwei Flaggen in den Händen und sendest die Buchstaben mit einer Winkelstellung deiner Arme.
Wenn du das Zahlenzeichen gibst, bedeuten die Buchstaben A bis I die Zahlen 1 bis 9. K bedeutet Null. Der Buchstabe J hebt das Zahlenzeichen wieder auf.
Das Semaphor-System ist kaum mehr bekannt. Gerade deshalb eignet es sich für die geheime Nachrichtenübermittlung. Und das sind die Semaphor-Zeichen:

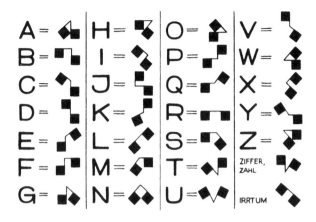

A = | H = | O = | V =
B = | I = | P = | W =
C = | J = | Q = | X =
D = | K = | R = | Y =
E = | L = | S = | Z =
F = | M = | T = | ZIFFER, ZAHL
G = | N = | U = | IRRTUM

Rätselspiel: Geheimschriften

Ein Fall für Sherlock Holmes

Geheimagenten mit Sonnenbrillen, Schlapphüten, scheelen Blicken und Pistolen unter angstschweißnassen Achselhöhlen – daran denkt man schnell, wenn von Geheimschriften die Rede ist.

Baden-Powell empfahl das Spiel mit Geheimschriften als Denksport, als Gehirntraining, als Rätselspiel für Pfadfinder und Pfadfinderinnen: Die eine Gruppe verschlüsselt eine geheime Botschaft – die andere versucht, den Code zu knacken.

Die Verschlüsselung einer Geheimschrift wird Chiffrierung oder Codierung genannt, die Entschlüsselung heißt Dechiffrierung oder Decodierung. Es gibt verschiedene Spielarten und unterschiedliche Schwierigkeitsgrade.

Längst sind die Möglichkeiten der Chiffrierung nicht aus-
geschöpft. Deinem Erfindungsreichtum sind keine Gren-
zen gesetzt. Jede Verschlüsselung und Entschlüsselung also
ist ein Fall für die Sherlock Holmes unter euch. Sherlock
Holmes war ein legendärer Romandetektiv aus London.
Hier ein paar Anregungen:
Was haben beispielsweise diese Zeichen zu bedeuten?
Hieroglyphen? Männer, die Gymnastik treiben? Oder was
sonst?

Keiner wird daraus schlau, es sei denn, er kommt auf die
Idee, dass sie Buchstaben des Semaphor-Systems sein
können. Er muss nur wissen, dass es Semaphor gibt und
wie die Flaggensignale aussehen (siehe Seite 49). Dann ist
die Lösung einfach.
Auch deine Spezialkenntnisse des Morsens, die nur wenige
andere haben, kannst du für Verschlüsselungen geheimer
Texte verwenden. Es gibt da viele Möglichkeiten. Ein Beispiel: Schreibe eine fingierte Liedmelodie auf Notenpapier.
Offene Halbnoten bedeuten Striche des Morsealphabets,
volle Viertelnoten bedeuten Punkte. Buchstaben werden
durch Taktstriche getrennt. Vergiss den Violinschlüssel am
Anfang der Notenzeile nicht, damit alles recht musikalisch
aussieht. Eine Serie solcher Noten ergibt zwar die Miss-
klänge einer Katzenmusik – aber einen Sinn.

Was bedeutet 5desatpssireeall3?

Die wohl bekannteste und beliebteste Methode der Verschlüsselung geht so:

Von zwei Buchstabenreihen des Abc wird eine um beispielsweise 5 Buchstaben nach rechts versetzt und der Rest voran gestellt:

a b c d e f g h i j k l m n o p q r s t u v w x y z
w x y z a b c d e f g h i j k l m n o p q r s t u v

Das bedeutet: w = a, a = e, k = o und so weiter.

Lange dauert es allerdings mit der Geheimhaltung nicht. Der Code ist linker Hand zu lösen. Das E ist nämlich der häufigste Buchstabe des Alphabets, also auch der häufigste Buchstabe im chiffrierten Text. Der Rückschluss von e auf a ist naheliegend.

Dieses System kannst du verkomplizieren, indem du häufige Buchstaben wie das verräterische E durch Buchstabenkombinationen ersetzt. Trotzdem: Die Buchstabenverschiebung ist und bleibt die einfachste und einfallsloseste Form der Chiffrierung. Schwieriger ist es schon, diesen Text zu dechiffrieren: 5desatpssireeall3

Der Trick dabei: die Zahlen 5 und 3 vor dem Buchstabensalat bedeuten, dass dieser Text in einem Rechteck mit waagrecht 5 Buchstaben und senkrecht 3 Buchstaben versteckt ist, und zwar von oben nach unten geschrieben. Du brauchst den Buchstabensalat also nur von oben nach unten in ein entsprechendes Rechteck zu schreiben und hast dann – von links nach rechts gelesen – den entschlüsselten Text des Rätselspiels.

dasra

etsel

spiel

Vorsichtshalber kannst du auch noch die Zahlen durch vorherige Absprache codieren, indem du sie beispielsweise um 3 Ziffern verschiebst. Vor und nach dem codierten Text oben würden also dann die Zahlen 8 und 6 stehen.

Das Geheimnis im Quadrat

Eine weitere Methode: Du schreibst alle Buchstaben des ABC (I = J) kreuz und quer in ein Quadrat und gibst dem Empfänger deiner Nachricht die Kopie.

	1	2	3	4	5	
1	F	Q	K	Y	C	A
2	R	G	N	B	P	B
3	S	U	A	O	V	C
4	T	D	M	H	W	D
5	E	X	L	Z	J	E
	A	B	C	D	E	

Verschlüsselt wird dann über die Zahlen oder Buchstaben außerhalb des Quadrats, erst waagrecht, dann senkrecht. Der Buchstabe S beispielsweise wird mit 13 (oder AC) codiert, denn er liegt am Schnittpunkt von 1 und 3 (oder A und C).

Die Zahlenpärchen oder Buchstabenpärchen ergeben dann die jeweiligen Buchstaben deines geheimen Textes:

221544155534

oder

BBAEDDAEEECD

Die Methode der Geheimdienste

Die von Geheimdiensten am meisten verwendete und in Agententhriller beschriebene Methode geht so: Du und der Empfänger deiner geheimen Botschaft besitzen zwei gleiche Bücher. Ihr vereinbart eine bestimmte Seitenzahl, beispielsweise 214, ab der codiert wird. 4-18-24 bezeichnet einen Buchstaben, und zwar den 24. Buchstaben in der 18. Zeile auf der vierten Seite nach 214, also auf Seite 218. Ein einfaches Prinzip, aber bewährt. So eine Geheimschrift ist fast nicht zu dechiffrieren. Auch in der Zeitung kannst du eine verschlüsselte Botschaft verstecken, indem du bestimmte Buchstaben leicht mit einer Nähnadel anstichst. Der Empfänger hält die Zeitung gegen das Licht und liest deinen Text.

Zwiebelsaft und Buttermilch

Buttermilch, Zwiebelsaft, Zitronensaft, Salzwasser oder verdünntes Eiklar sind Geheimtinten. Eine Nachricht, damit auf Papier geschrieben, ist nicht zu sehen – wird aber bei Erwärmung über offener Flamme sichtbar.
Doch das ist schon ein bisschen zu viel Chemie. Nicht auf technische Tricks kommt's an, sondern auf den Einfallsreichtum, auf die Idee, die du bei dem Spiel mit Geheimschriften entwickelst. In diesem Sinne also:
13veinetlsscphalsüssbseeilmn2!

Beobachtungsspiele

Menschen beobachten – Menschen durchschauen

Baden-Powell hatte den Spitznamen Sherlock Holmes. Denn seine Beobachtungsgabe und seine detektivischen Rückschlüsse waren verblüffend: vergleichbar denen des berühmten Romandetektivs aus der Bakerstreet in London. *Beobachten und entsprechende Schlussfolgerungen zu ziehen sind die Grundlage allen Wissens,* schreibt B. P. Und: *Die Feststellung kleiner Einzelheiten und die Erinnerung daran sind die wichtigsten Punkte bei der Ausbildung in der Pfadfinderei. Dies sind Sachen, die jederzeit, wo immer auch, praktiziert werden müssen.*

Das heißt: Die Beobachtungsgabe schulen und Schlüsse ziehen gehört ganz generell zur Pfadfinderausbildung, zu allen Praktiken und Pionierarbeiten, zu Orientierungsspielen, zum Feuermachen, zur Wettervorhersage, zum Morsen, zum Singen und so weiter.

Darüber hinaus gibt es noch besondere Beobachtungsspiele. Sie machen Spaß, trainieren den Verstand und fördern das Verständnis für die Mitmenschen, für andere Länder und andere Gebräuche. Allein die Beobachtung von Menschen ist ein Spiel für sich.

B. P. weist darauf hin, dass Menschen durch eine bestimmte Art ihrer Bewegung und Gestik gewisse Charakterzüge erkennen lassen und unbewusst, ohne es zu wollen, bestimmte Absichten verraten. Psychologen sprechen heute von »Körpersprache«, von Signalen der Persönlichkeit.

Mit Beobachtungsspielen könnt ihr Körpersprache und Signale erkennen und durchschauen.

Der Schritt verrät den Siegertyp

Aus der Art zu gehen beispielsweise, aus dem Schritt, lassen sich erstaunliche Rückschlüsse auf Wesenszüge eines Menschen ziehen. Beobachtet zunächst nur Menschen, deren Wesen und Charakter ihr sehr genau kennt. Du wirst feststellen: Siegertypen kommen anders daher als Drückeberger, Draufgänger anders als Duckmäuser, Tatmenschen anders als Maulhelden, Optimisten anders als knieweiche Angsthasen. Und so weiter.

Schaut genau hin, debattiert darüber, tauscht Beobachtungen aus. Und wenn du das Auf-treten dir bekannter Menschen studiert hast, wenn du Gespür für ihr »Gangwerk« entwickelst, dann kannst du auch bei einem fremden Menschen aus der Art zu gehen auf seinen Charakter schließen, du kannst ihn auf Anhieb besser beurteilen – einen neuen Lehrer zum Beispiel, der erstmals das Klassenzimmer betritt. Oder sonst einen Menschen, der in deinem Leben möglicherweise eine wichtige Rolle spielt. So erging es einmal Baden-Powell:

Die Dame mit dem gescheckten Hund

Eines Tages, so berichtete B. P., *sah ich unweit der Kaserne von Knightsbridge von hinten eine junge Dame mit einem schwarzbraun gescheckten Hund, deren Gesicht ich nicht sah, deren Gang aber in auffallender Weise Aufrichtigkeit, Menschenverstand und Lebhaftigkeit verriet. Zwei Jahre später, als ich in Southampton zu meiner Weltreise an Bord ging, sah ich – wieder von hinten – eine Dame, deren Gang mir sofort bekannt vorkam. Es war die Hundebesitzerin, die ich vor zwei Jahren gesehen hatte.*

Aus der Beobachtung vor zwei Jahren ergab sich nun ein Gespräch, das für B. P. nicht ganz unwesentlich verlief: Die Dame wurde seine Frau, die Mutter seiner Kinder und Leiterin der Pfadfinderinnen-Weltbewegung.

Ein Junge namens Kim

Die Beobachtungsspiele der Pfadfinder und Pfadfinderinnen werden auch Kim-Spiele genannt, nach Kim, einer Romanfigur von Rudyard Kipling, dem englischen Schriftsteller und Literaturnobelpreisträger von 1907.
Kipling schrieb unter anderem das *Dschungelbuch* und *Kim*, die Geschichte von Kimball O'Hara, einem Jungen irischer Abstammung, der sich ohne Eltern in Indien herumtrieb und die tollsten Abenteuer erlebte.
Ein Juwelier gewann ihn für den Geheimdienst und schulte seine Beobachtungsgabe. Er legte einige Edelsteine auf ein Tablett, kleine und große Diamanten, Rubine, Smaragde und dergleichen. Kim durfte sie einige Minuten anschauen. Dann wurden sie zugedeckt, und nun musste Kim sie aus dem Gedächtnis aufzählen und beschreiben. Anfangs ging es mühsam, doch nach und nach schärfte das Spiel Kims Gedächtnis.

Kim-Spiele

Dieses Spiel empfahl auch B. P. Wenn ihr gerade keine Diamanten einstecken habt, dann nehmt Knöpfe, Münzen und Bleistifte, Kugelschreiber, Taschenmesser, Fotos und dergleichen.
Ihr könnt euch auch die Gegenstände in einem Raum ein-

prägen: Tische, Stühle, den Schrank, die Bilder, Teppiche, Kerzenleuchter, Vasen, Blumen und dergleichen. Geht dann hinaus und schreibt alles auf.

Beobachtet die Gegenstände in einem Schaufenster, geht weg, schreibt sie auf und vergleicht dann.

Legt eine Sammlung von Blättern und Nadelzweigen an, von Ulme, Buche, Pappel, Birke, Eiche, Föhre, Fichte, Eibe und so weiter. Zeichnet Blätter und Nadelzweige aus dem Gedächtnis nach und ordnet sie den entsprechenden Bäumen zu (siehe Seite 84/85).

Beobachtet Tierspuren, ordnet sie den einzelnen Tieren zu (siehe Seite 80/81) und macht euch eine Sammlung von Gipsabdrücken. Das ist ganz einfach: Du säuberst die Trittsiegel, legst eine Kartonmanschette herum und gießt sie mit Gips aus. Eine halbe Stunde warten – fertig.

Horcht auf Vogelstimmen und versucht sie zuzuordnen (siehe Seite 77–79). Beobachtet, wie einzelne Vogelarten auf die Annäherung von Menschen reagieren: Welcher Vogel bleibt sitzen? Welcher fliegt auf, welcher verstummt, welcher kreischt, und welcher alarmiert die anderen mit einem Warnpfiff?

Was Schuhe sagen

Die von Indianern und Waldläufern hoch entwickelte Kunst des Spurenlesens lässt sich mit Verfolgungsspielen trainieren: Die Flüchtenden setzen sich erst auf den Boden und zeigen den Verfolgern ihre Schuhsohlen. Nach drei Minuten laufen sie unbeobachtet in verschiedene Richtungen auf einer vorher ausgesuchten Strecke, die reich an Lehm oder feuchtem Erdreich ist und die Tritte gut aufnimmt.

Es kommt bei diesem Spiel nicht darauf an, die Flüchtenden zu finden, sondern festzustellen, wer welche Spuren hinterlassen hat, also die Trittsiegel einem bestimmten Menschen zuzuordnen.

Wenn die Schuhsohlen kein Profil oder gleiche Muster haben, wird's spannend. Dann müssen Rückschlüsse aus der Gangart gezogen werden. Ob dieser oder jener Flüchtende kleine oder große Schritte macht, ob er mehr die Fersen oder mehr die Zehenballen belastet, ob die Absätze außen oder innen abgetreten sind.

Kommt nach einem Tag wieder, nach drei Tagen, nach einer Woche und nach zwei Wochen – und beobachtet, wie sich die Abdrücke im Lauf der Zeit verändern.

Die Schuhe geben übrigens – wie B. P. schreibt – von der Kleidung den weitaus besten Hinweis auf Wesenszüge eines Menschen. Er empfiehlt dazu dieses Spiel: Beobachte bei einer Menschenansammlung zunächst nur die Schuhe und überlege, wie die Besitzer wohl aussehen mögen: Sind sie alt oder jung, schlank oder dick, intelligent oder naiv, rüpelhaft oder wohlerzogen? Aus welchem sozialen Milieu kommen sie? Leben sie auf großem Fuß oder um eine Nummer zu groß? Schau dann die Leute an und überprüfe, ob es richtig war, was dir die Schuhe gesagt haben.

Detektivspiele

Sherlock Holmes zog mit detektivischem Scharfsinn seine Rückschlüsse aus kleinsten Spuren. Das könnt ihr ebenfalls trainieren, mit Detektivspielen à la Sherlock Holmes: Eine Gruppe arrangiert den Tatort eines Verbrechens mit verräterischen Spuren – und die Detektive versuchen den Tatablauf zu rekonstruieren und die Täter zu entlarven. Ihr könnt die Tatortuntersuchungen auch mit einem Verfolgungsspiel kombinieren.

Das Blatt des Mahobahoba-Strauches

Den Spitznamen Sherlock Holmes bekam B. P. bei einem Detektivspiel mit tödlichem Risiko. Und das kam so:
Nördlich von Transvaal in Südafrika hatten Krieger des Matabele-Stammes mehrere Farmen überfallen, in Brand gesteckt, die Bewohner ermordet und sich in ihr Hauptquartier zurückgezogen: ins Massiv der Matabele-Berge, einem Bollwerk aus Zinnen, Zacken und Felsabstürzen, schwer zugänglich und leicht zu verteidigen.
Alle Anzeichen deuteten darauf hin, dass sie mit beträchtlicher Übermacht die schwach verteidigte englische Kolonialstadt Bulawayo überfallen und unter den 1.000 Einwohnern ein Massaker anrichten würden.
Nur eine List konnte die Bewohner retten.
Baden-Powell, damals 39 Jahre alt und Oberst, sollte den Angriff vereiteln. Er dachte an ein Handstreich-Unternehmen: den Generalstab des hervorragend organisierten Kriegerstammes gefangenzunehmen und Friedensverhandlungen zu erzwingen.
Doch die Matabele-Krieger hatten sich in ihrer Bergfestung verschanzt wie Raubvögel in einem Horst. Die einzigen Zugänge – Scharten und Kamine – wurden von Wächtern mit Adleraugen bewacht. Keine Chance – so sah es aus.
Eines Tages ritt B. P. mit einem Freund namens Frederic C. Burnham nahe der Matabele-Berge durch die Steppe. Die Gräser waren noch nass vom Morgennebel. Sie sahen eine Fährte menschlicher Fußabdrücke, die zum Hauptquartier führte.

B. P. untersuchte die Spuren: kleine Füße, barfuß, frische Abdrücke, höchstens drei Stunden alt. Schlussfolgerung: Es waren nachts oder noch im Morgengrauen viele Frauen zu den Kriegern der Matabele gegangen.

Ihre Füße waren auffallend tief eingedrückt. Also hatten die Frauen schwere Lasten getragen. Aber was?

Unweit der Fährte entdeckte B. P. ein noch frisches, völlig unverwelktes Blatt eines Mahobahoba-Strauches. Er wusste von früheren Beobachtungen, dass der nächste Mahobahoba-Strauch in zwölf Kilometer Entfernung wuchs. Also hat das frische Blatt mit den Frauen zu tun, die vor wenigen Stunden hier gegangen sind. B. P. hielt das Blatt an die Nase: Bier! Undeutlich, aber einwandfrei der Geruch von Bier.

Schlussfolgerung: Die Frauen hatten frisch gebrautes Bier in Tonkrügen zu den Matabele-Kriegern getragen und mit Mahobahoba-Zweigen zugedeckt, um es frisch zu halten. Dieses frisch gebraute Bier muss schnell getrunken werden, sonst wird es sauer.

Schlussfolgerung: Die Matabele-Krieger haben vor kurzem Bier getrunken. Sie sind möglicherweise benebelt, ihre Wächter unaufmerksam. Die Chance war da!

B. P. holte vier Kavalleriekompanien aus Bulawayo. Sie kletterten auf das Felsmassiv, überwältigten die verschlafenen Wächter und nahmen den von Biergeruch umwölkten Generalstab der Matabele-Krieger gefangen. Nach einigen Verhandlungen wurde Friede geschlossen.

Frederic C. Burnham erzählte die Geschichte der detektivischen Schlussfolgerungen in Offizierskreisen herum – und seither hatte B. P. den ehrenvollen Spitznamen Sherlock Holmes.

Das Zeltlager

Die 6 Waldläufertipps

Das sind die 6 Waldläufertipps für den sicheren und bequemen Zeltplatz:

1. Sucht euren Zeltplatz in der Nähe von Wasser. An einer Quelle, einem Fluss, einem Bach oder an einem See. In der Wildnis ist das Wasser meist gefahrlos trinkbar, in der Zivilisation selten. Im Zweifelsfall darf es natürlich nicht getrunken werden. Prüft auch, ob Hochwasser droht, wenn es regnet. Auf Sandbänken und in trockenen Bachbetten sollt ihr nie zelten.

2. Errichtet euer Zelt im Südosten eines Windschutzes, eines Berges, eines Hügels oder eines Waldes. Denn hierzulande stürmt es meist aus Nordwest.

3. Wählt euren Zeltplatz in der Nähe von Brennmaterial: bei einem Wald oder bei Bäumen mit vielen abgebrochenen Ästen.

4. Zeltet auf trockenem Boden, der den Regen schnell aufsaugt. Vorsicht vor Lehmboden oder Mulden!

5. Achtet darauf, dass ihr nicht von Steinschlag, Felsabstürzen, Lawinen, umfallenden Bäumen oder abbrechenden Ästen bedroht seid.

6. Baut euer Zelt außerhalb von Schlangengebieten und Tollwutsperrbezirken auf und nicht auf Wiesen, die chemisch gedüngt wurden.

Typisch für Schlangengebiete sind: auffallend viele Mäuse und Ratten, viele Erdlöcher, Sumpfgelände, feuchtwarmer Untergrund, sonnenbeschienene Steinhalden und Abfallhaufen.

Indianertipi, Trapperhütten, Iglu

Zelt mit zwei Fluchtwegen

Das optimale Zelt hat wasserdichtes Außenzelt, luftdurchlässiges Innenzelt und wasserdichten Zeltboden.
Und zwei Eingänge! Erstens aus Sicherheitsgründen (zwei Fluchtwege) und zweitens wegen der guten Lüftung.
Ideal sind Apsiden an den Zelteingängen: Du kannst den Wind abwehren oder einfangen und deine (meist schmutzigen) Schuhe zum Trocknen drunterstellen. Ohne Apsiden musst du sie ins Zelt nehmen oder draußen stehen lassen.

Apsiden können auf vielfältige Weise geöffnet werden

Wenn die oben genannten Bedingungen fürs ideale Zelt erfüllt sind, ist es egal, ob du ein Kuppelzelt hast, ein Tunnelzelt, ein Pyramidenzelt oder ein Firstzelt.
Die sogenannten Koten sind einheitlich konstruiert und lassen sich mit den üblichen Zelten nicht vergleichen.
Du kannst zum Spaß auch aufs Zelt oder die Kote ganz verzichten und dir eine Unterkunft selbst bauen: ein Indianertipi, eine Trapperhütte oder im Winter einen Iglu (siehe Seite 62/63).

Hellwach sein beim Schlafsackkauf

Beim Schlafsackkauf gilt es die Augen offenzuhalten. Ein falsch gewählter Schlafsack – zu heiß, zu kalt, beengend usw. – kann dir den ganzen Spaß verderben.

Der optimale Schlafsack soll über den Kopf gehen, von oben bis unten zu öffnen sein, außerdem V-Kammern und »Differential cut« bieten. »Differential cut« bedeutet: Außenbezug größer als Innenbezug. Und die querliegenden V-Kammern verhindern die »Kältenähte« billiger Schlafsäcke.

Bei jedem Schlafsack ist angegeben, für welche Temperaturbereiche er geeignet ist. Halte dich nicht daran. Such dir einen Schlafsack aus, der um 15 Grad mehr Kälte abschirmt, als an deinem Lagerplatz zu erwarten ist. Ein Schlafsack kann nicht zu warm sein, vorausgesetzt, er lässt sich, wie erwähnt, von oben bis unten öffnen und somit auch als Decke verwenden.

Als Unterlage für den Schlafsack haben sich Schaumgummimatratzen bestens bewährt, nicht jedoch Luftmatratzen. Sie lassen die Bodenkälte durch. Notfalls (oder zum Spaß) kannst du dir aus Stroh, Heu, Farnkraut oder Schilf eine angenehme und gesunde Bodenmatte weben. Mit dem hier abgebildeten Webstuhl geht das ganz einfach.

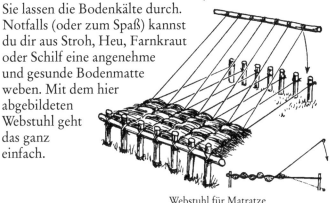

Webstuhl für Matratze

Die schwebende Speisekammer

Kochen ist am interessantesten auf offenem Feuer, wie auf
Seite 40/41 beschrieben.
Wenn es unbedingt ein Kocher sein muss – was sich in
Gegenden ohne Brennholz nicht immer vermeiden lässt –,
dann keinesfalls einer mit Benzinfüllung: Explosionsge-
fahr!
Das kleinere Übel: Petroleum (stinkt und rußt), Gas (um-
ständlich wegen der schwer transportierbaren Behälter)
oder Spiritus (brennt kaum bei Frost).

Die schwebende Speisekammer

Die Lebensmittel hängt ihr
am besten nach Waldläufer-
art in eine schwebende
Speisekammer. Sie sind
dann sicher vor Ratten,
Füchsen, Hunden, Schlan-
gen und dergleichen.
Beim Zeltlager werdet ihr
dann eine ganze Reihe von
Türmen, Lagermöbeln und
dergleichen bauen. Doch
das fällt schon eher ins Kapitel *»Pionierarbeiten«*.

Pionierarbeiten

Türme aus Balken und Seilen

Pionierarbeiten – planen, aufbauen: ein klassisches Spiel der Pfadfinderei. Die beste – aber nicht die einzige! – Gelegenheit bietet sich beim Zeltlager.

Erstaunlich, was du mit Stämmen und Stangen, Seilen und Schnüren alles machen kannst: Lagertürme, Brücken, Tische, Bänke, Kleiderbügel, Schuhständer und so weiter. Die folgenden Bildseiten geben dir Anregungen.

Kreuzbund und Trompetenstich

Drei Bünde und neun Knoten musst du können: Kreuzbund, Längsbund, Diagonalbund; Weberknoten, gekreuzter Weberknoten, Anglerknoten, Rettungsschlinge, Achterschlinge, Gleitschlinge, Zimmermannsknoten, Flaschenknoten und Trompetenstich. Sie sind hier abgebildet. Die Bäume für eure Pionierarbeiten könnt ihr selbst fällen, vorausgesetzt, ihr bekommt die Erlaubnis dazu.

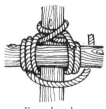
Kreuzbund

Diagonalbund

Längsbund

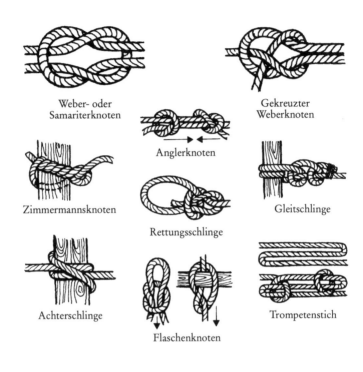

Weber- oder
Samariterknoten

Anglerknoten

Gekreuzter
Weberknoten

Zimmermannsknoten

Rettungsschlinge

Gleitschlinge

Achterschlinge

Flaschenknoten

Trompetenstich

Die Axt, der Blitz und der Grizzlybär

Die Axt, so sagen kanadische Holzfäller, hat schon mehr Menschen getötet als der Grizzlybär. Bei einem Axthieb nämlich kann sich durch die Zentrifugalkraft die Schneide vom Stiel lösen und wie ein Geschoss davonfliegen. Also soll keiner in der Schwungrichtung herumstehen.

Ein Baum, so eine weitere Spruchweisheit kanadischer Holzfäller, hat schon mehr Menschen erschlagen als der Blitz. Also soll auch im Umkreis eines zu fällenden Baumes keiner stehen, und der Holzfäller selbst, der direkt am Stamm arbeitet, soll erst einmal alle Fluchtwege prüfen: Kann ich ungehindert in jede Richtung flitzen, wenn der Baum anders fällt als beabsichtigt?

Beim Baumfällen wird zunächst auf der geplanten Fallrichtung der Stamm keilförmig bis zur Mitte ausgehackt und dann etwas höher auf der gegenüberliegenden Seite eine Kerbe geschlagen.

Baumfällen:
Fluchtrichtung klar?

Wenn's knackt und der Baum sich neigt: Spring zurück, damit du vom hoch prellenden Stamm nicht getroffen wirst, und schau sofort, ob der Baum fällt, wie er soll. Ein Risiko ist immer dabei.

Eine zusätzliche Sicherung bieten zwei Seile, die links und rechts der geplanten Fallrichtung vom Baumwipfel zum Boden gespannt werden. An diesen Seilen könnt ihr auch ziehen, aber nur dann, wenn ihr so weit weg steht, dass ihr vom fallenden Baum nicht getroffen werdet. Bedenkt dabei, dass der aufprellende Baum noch eine Art Hechtsprung in die Fallrichtung machen kann.

Plane die Arbeit, arbeite nach Plan

Ein bekannter Ausspruch Baden-Powells lautet: *Plane die Arbeit, arbeite nach Plan.* Das gilt vor allem für die komplizierten Konstruktionen der Pionierarbeiten. Zeichnet euch erst einen Plan, macht vielleicht noch ein kleines Modell und baut dann das Original.

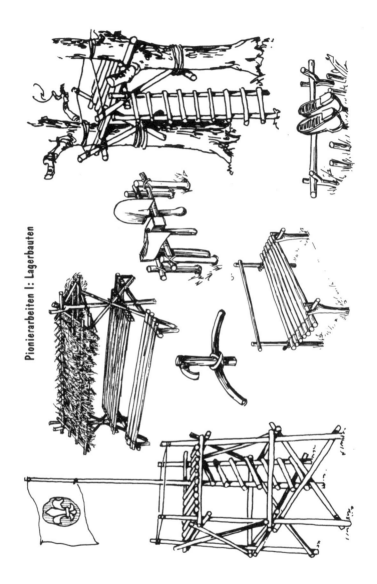

Pionierarbeiten I: Lagerbauten

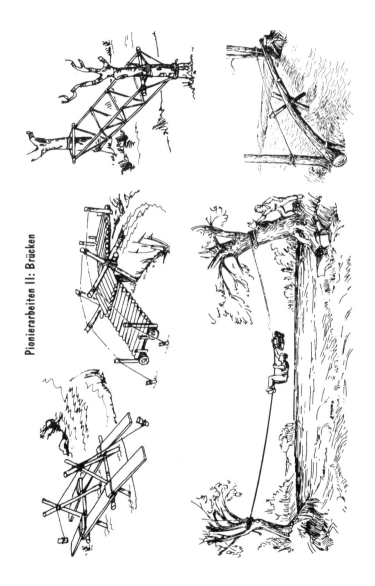

Im Winterlager könnt ihr euch Schlitten und Schneeschuhe basteln, wie sie die Menschen im hohen Norden verwenden: die Eskimos, die kanadischen Indianer, Trapper und Holzfäller.

Michigan-Sandalen

Tobogan

Bärentatzen

Augenmaß und Messmethoden

Die Breite des Flusses – einfach abschreiten

Du willst mit deinen Freunden einen Fluss überqueren. Euer Seil ist 30 Meter lang, ihr braucht es zur Sicherung oder als Seilbrücke. Also: Langt das Seil? Wie breit ist der Fluss?

Ganz einfach: Du schreitest die Breite des Flusses vom Ufer aus ab.

Wenn du zu den Leuten gehörst, die nicht auf dem Wasser gehen können, musst du einen Trick verwenden. Und der geht so:

Suche eine Stelle (B), die einem markanten Punkt genau gegenüberliegt: einen Baum etwa (A). Gehe von diesem Punkt (B) im rechten Winkel zur A–B-Linie am Ufer entlang, markiere nach 30 Schritten die Stelle C und schreite nochmals

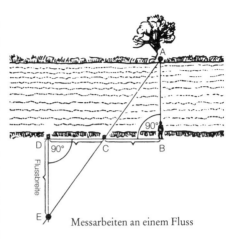

Messarbeiten an einem Fluss

30 Schritte weit bis D. Von D schreitest du im rechten Winkel zum Ufer so lange, bis du über die markierte Stelle (C) hinweg den Baum (A) siehst. Du bist jetzt bei Punkt E.

Die Breite des Flusses entspricht der Strecke D–E, die du soeben vom Ufer aus abgeschritten hast.

Nach derselben Methode kann auch die Entfernung zu einem weit entlegenen Ziel abgemessen werden, zu einem Berg etwa. Allerdings musst du die Messtechnik etwas variieren.

Schau dir die Zeichnung nochmals an. Denk dir den Fluss weg und den Baum (A) weit entfernt am Fuss eines Berges. Du gehst von deinem Standort (B) im rechten Winkel zur A–B-Linie 100 Meter weit, markierst die Stelle C und schreitest jetzt nur noch 10 Meter weit zu D. Von dort gehst du so lange, bis du über C hinweg den Baum (A) siehst. Du befindest dich bei Punkt E.

Die soeben abgeschrittene Strecke mit 10 multipliziert, ergibt die Entfernung von B zu A.

Nehmen wir an, die Entfernung von D zu E ist 68 Meter;

wer sich mathematisch herumspielen will, kann diese Glei-
chung aufstellen:

$$\frac{X}{CB} = \frac{DE}{CD} \quad X = \frac{DE \times CH}{CH} \quad X = \frac{68 \times 100}{10} \quad X = 680$$

Wie hoch ist der Baum? Leg ihn um!

Dasselbe Prinzip funktioniert auch, wenn du die Höhe
eines Baumes oder einer Felswand messen möchtest: Du
steckst irgendwo (C) einen zwei Meter langen Stock in
die Erde und markierst die Stelle am Boden (E), von der
du über die Stockspitze (D) die Baumspitze (B) siehst.
Dann musst du die Entfernung von E nach
C und von C nach A messen. Die Entfernung AE multipliziert mit CD
und dividiert durch CE ergibt
die Baumhöhe.

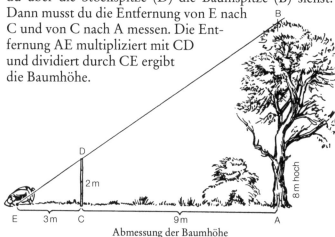

Abmessung der Baumhöhe

Mathematisch sieht das mit den Zahlen der Zeichnung so
aus:

$$\frac{X}{CD} = \frac{AE}{CE} \quad X = \frac{AE \times CD}{CE} \quad X = \frac{12 \times 2}{3} \quad X = 8$$

74

Einfacher und unmathematisch ist die Holzfällermethode:
Du hältst einen Stab vor den Baum. Stabspitze zu Baumspitze, Finger zur Baumwurzel.
Dann legst du den Baum um –
genau genommen kippst du den
Stab – und lässt von einem Freund
die Stelle markieren, wo die Spitze
des Stabes liegt. Diese am Boden
abmessbare Strecke (des »gefällten«
Baumes) entspricht der Baumhöhe.
Nach demselben Prinzip kannst du
auch – ebenso schnell und nicht
ganz genau – die Flussbreite fest-

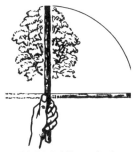

Die Holzfällermethode

stellen. Schau dir die Zeichnung von Seite 73 noch einmal
an: Du stehst etwa bei D am Ufer, nimmst einen Stab und
legst ihn wie eine Brücke von B nach A über den Fluss.
Dann drehst du den Stab im Halbkreis, so dass die
»Brücke« auf dem Land liegt. Diese Strecke kannst du dann
abschreiten.

Schrittmacherei

Voraussetzung für diese Methoden ist die genaue Kenntnis
deiner Schrittlänge. Prüfe also: Wie groß muss ein Schritt
sein, der genau einen Meter lang ist. Oder: Wie viele Schritte
muss ich machen, um 5 Meter, 10 Meter usw. abzumessen?
Stelle auch fest, welche Abmessungen deines Körpers
50 Zentimeter, 1 Meter und 1,50 Meter ergeben. Einpräg-
same Maßeinheiten bieten Maße vergangener Zeiten: Elle
zwischen Ellbogen und Fingerspitzen, Klafter zwischen
Fingerspitzen der ausgebreiteten Arme, Spanne zwischen
Daumen und kleinem Finger der gespreizten Hand.

So kann dich die Sonne täuschen

Unabhängig von Messmethoden sollst du bestimmte Entfernungen abschätzen können. Das ist Übungssache und führt zu einem gesunden Augenmaß.

Entfernungen zu schätzen lässt sich natürlich nur dann verlässlich trainieren und kontrollieren, wenn du die entsprechenden Distanzen genau kennst.

Auf dem Fahrrad mit Entfernungsmesser kannst du feststellen, wie weit es zum Beispiel bis zu der Tanne da drüben ist, bis zum Verkehrsschild, zum Bauernhof, zum Waldrand oder zu den Bergen.

Alles Weitere ist Training und Erfahrung. Jede geschätzte Entfernung kann mit der gemessenen Entfernung verglichen werden. Schau auf Einzelheiten. Präge dir beispielsweise ein, ab welcher Entfernung gerade noch die einzelnen Dachziegel eines Hauses erkennbar sind (250 Meter bei normaler Sehschärfe).

Du wirst auch feststellen, dass Entfernungen mal kürzer und mal länger erscheinen: kürzer, wenn Föhnwetter ist oder die Sonne im Rücken steht. Länger bei Abenddämmerung und gegen die Sonne.

Daumensprung: Augenmaß mit Zwinkerei

Noch ein Trick: Querdistanz ist leichter abzuschätzen als Längsdistanz. Nach dieser Erkenntnis funktioniert der Daumensprung: Peile irgendeinen Punkt in der abzuschätzenden Entfernung über

Die Daumensprung-Methode

den Daumen des ausgestreckten Armes an. Kneife dann das Auge zu und öffne das andere. Bei dieser Zwinkerei springt der Daumen zur Seite. Die Querdistanz des Daumensprungs, mit 10 multipliziert, ergibt die Entfernung.

Floß im Fluss: wie schnell?

Beim Spielen an Flüssen und Bächen, beim Brückenbau, bei Floß- und Bootsfahrten sollt ihr die Strömungsgeschwindigkeit kennen. So ist sie zu messen: Wirf ein Holz ins Wasser und schreite die Distanz ab, die es in 6 Sekunden zurücklegt. Diese Strecke, mit 600 multipliziert und durch 1.000 dividiert, ergibt die Kilometer pro Stunde. Bei 15 Metern sind das 9 Stundenkilometer. Beachte: In der Strommitte fließt das Wasser schneller als am Rand (siehe auch Kapitel *Wasserspiele*).

Tiere und Pflanzen

Dchää-dchää heißt: Vorsicht, ein Mensch!

Der Abenteuerspielplatz Natur macht noch mehr Spaß, wenn du die Hauptdarsteller kennst: Fink und Amsel, Fuchs und Dachs.

Ein paar Tips nur – und du kannst beispielsweise aus dem Konzert der Vogelstimmen die einzelnen Vögel heraushören wie die Instrumente aus einer Symphonie; und du kannst sie am Federkleid und an der Größe erkennen:

Amsel

Amsel: Zui-zui, schwarz, 25 Zentimeter groß

Bachstelze: Sisis-sisis, oben grau, unten weiss, 20 Zentimeter

Bachstelze

Buchfink: Fink-fink, oben braun und grün, unten rot, 15 Zentimeter

Buntsprecht: Gigigigi, schwarz, rot, weiß gefiedert, 23 Zentimeter

Dorndreher: Kräck-kräck, Kopf grau, Rücken rot, 18 Zentimeter

Drossel: Zip-zip, oben braungrau, unten gelb, 23 Zentimeter

Eichelhäher: Dchää-dchää, graubraun mit schwarzen, weißen oder blauen Flügeln, 30 Zentimeter. Der Wächter des Waldes: Er warnt andere Tiere vor Menschen und Raubtieren.

Buntspecht

Elster: Zackerackack, schwarz, weiß, blau, 40 Zentimeter. Die Diebin unter den Vögeln: Sie klaut glitzernde Gegenstände.

Fasan: Gagag, Hahn blau, grün, rot, Henne braun, 80 Zentimeter

Feldlerche: Trilli-trilli, grünbraun, helle Flecken, 20 Zentimeter

Grünspecht: Kjäg-kjäg, gelb, roter Kopf, 30 Zentimeter

Hühnerhabicht: Kjak-kjak, oben grau, unten weiß, 60 Zentimeter

Kohlmeise: Zizibeh-zizibeh, oben grün, unten gelb, Kopf schwarz und weiß, 15 Zentimeter

Kuckuck: Kuckuck, hellgrau, gelbe Füße, 40 Zentimeter

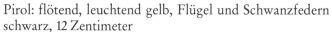

Kuckuck

Mäusebussard: Miau, braun, dunkle Querstreifen an den Schwanzfedern, 55 Zentimeter

Nachtigall: flötend und trillernd, grau, 7 Zentimeter

Pirol: flötend, leuchtend gelb, Flügel und Schwanzfedern schwarz, 12 Zentimeter

Rebhuhn: Trit-trit, braungrau, 30 Zentimeter

Ringeltaube oder Wildtaube: Gruhu-gruhu, graublau, Hals weiß, 45 Zentimeter

Saatkrähe: Krah, schwarz, 44 Zentimeter

Schwarzspecht: Kjäg-kjäg (wie Grünspecht), schwarz, 40 Zentimeter

Spatz oder Sperling: Dschilp, braungrau, 12 Zentimeter

Star: Stoar-stoar, schwarz, hell getupft, Schnabel gelb, 20 Zentimeter

Steinkauz: Kuwitt-kuwitt, graubraun, 25 Zentimeter

Stieglitz: Stiglitz-stiglitz, schwarz, weiß, rot, gelb, 10 Zentimeter

Uhu: Huhu, schwarz, weiß, braun, gelb, 20 Zentimeter

Zaunkönig: Zrr-zrr, braun, 10 Zentimeter

Hasensprung und Schweinsgalopp

Bei Fährtensuchspielen in der Nähe von Städten, Dörfern, Bauernhöfen und in Parks gilt es zunächst einmal, die vielen Spuren der Haustiere – Pferd, Rind, Hund, Katze – von den

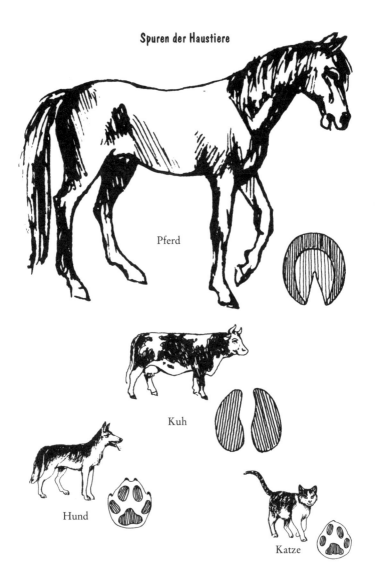

Spuren der Haustiere

Pferd

Kuh

Hund

Katze

Spuren der Wildtiere

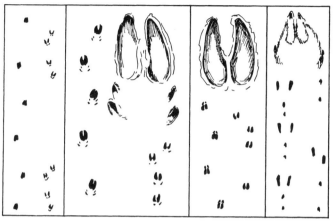

Reh	Schwarzwild	Muffelwild	Hase
ziehend / flüchtend	ziehend / flüchtend	ziehend / flüchtend	ziehend / flüchtend

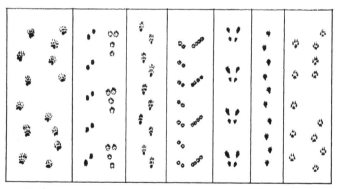

Dachs	Marder	Wasch-	Fischotter	Eich-	Igel	Fuchs
ziehend / flüchtend	zieh. / flücht.	bär	zieh. / flücht.	hörn-		zieh. / flücht.
				chen		

81

seltenen Spuren des Wildes abzugrenzen. Schau dir dazu die beiden Bildtafeln an.

Beobachte die Tierspuren genau: Beispielsweise den Schrittwechsel, wenn der Fuchs »schnürt« oder flüchtet. Der Ausdruck »schnüren« kommt daher, dass der Fuchs nach Seiltänzerart wie auf einer Schnur dahinzieht, einen Fuß genau hinter dem anderen.

Beim Hasen ist interessant, dass er mit den Hinterläufen vor die Vorderläufe tritt. Daher der Ausdruck »Hasensprung«. Wer das nicht weiß, deutet die Richtung falsch. Auf der Bildtafel zieht oder flüchtet der Hase also nach oben.

Wildspuren und Wildwechsel sollst du nie betreten, sondern in einigem Abstand verfolgen. Die Tiere werden sonst von deiner Witterung (Geruch) irritiert. Beobachten kannst du Wildtiere am besten von einem Holzsitz aus (Jagdpächter fragen!) oder gegen den Wind, das heißt: wenn der Wind vom Tier in deine Richtung weht. Das Wild nimmt sonst deine Witterung auf und flüchtet. Auf dem Hochsitz ist die Windrichtung egal. Seine Witterung wird über die Tiere hinweggeweht. Auf keinen Fall darf Wild gestört oder beunruhigt werden.

Die Spuren von Wildschweinen (Schwarzwild) solltest du nicht verfolgen. Wildschweine greifen mitunter Menschen an – im »Schweinsgalopp«, und dann wird's lebensgefährlich. Besonders aggressiv sind Bachen (weibliche Wildschweine) mit Frischlingen.

Trau keinem freundlichen Fuchs

Gefährlich sind Wildtiere, die »Haustierverhalten« zeigen, vor allem Füchse, die zutraulich sind. Tollwutverdacht! Sie befinden sich höchstwahrscheinlich in der »lethargischen

Phase« und sind durch Berührung des Felles monatelang ansteckend. Die »Beißphase« dauert nur wenige Tage.

Bäume, die man essen kann

Bäume sind die Freunde der Abenteurer und Entdecker, der Waldläufer und Pfadfinder.

Dass sie Brennmaterial fürs Feuer liefern, Balken fürs Blockhaus, Bohlen für Schiffe, Stiele fürs Werkzeug und so weiter – das ist nichts Neues. Weniger bekannt ist, dass man sie essen kann. Genau genommen können Teile von ihnen gegessen werden. Die Innenrinde der Birke beispielsweise, in Streifen geschnitten und gekocht, schaut aus wie Spaghetti, schmeckt vorzüglich und ist vitaminreich: eine interessante Waldläufermahlzeit und ein lebensrettender Proviant für den Notfall.

Hier ein paar Informationen über Bäume, die in unseren Breiten wachsen:

Ahorn: Gibt als Brennholz gute Glut zum Grillen. Verwendbar auch für Werkzeugstiele und Lagermöbel.

Birke: Rinde ist der beste Unterzünder. Holz brennt auch bei Regen und im nassen Zustand. Das faserreiche Pflanzengewebe (Innenrinde) zwischen Baumstamm und Rinde bietet, wie erwähnt, eine wohlschmeckende Mahlzeit. Aus den Blättern kann man einen Tee gegen Fieber, Nieren- und Gelenkschmerzen machen.

Buche: Bestes Holz für lang anhaltende Glut. Geeignet für Lagermöbel, Brücken und Türme. Buchecker sind sehr nahrhaft.

Eibe: Giftig! Nichts davon essen, nicht raufklettern, kein Eibenholz verbrennen: Giftschwaden!

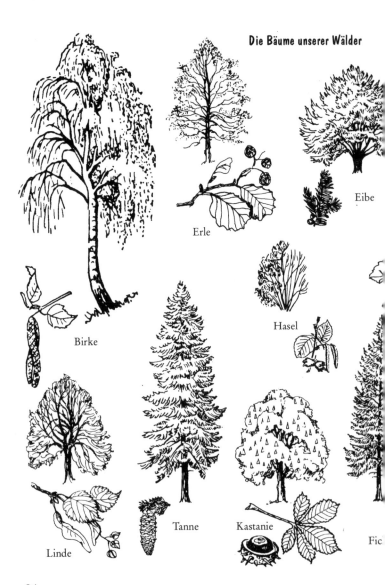

Erle

Eibe

Birke

Hasel

Linde

Tanne

Kastanie

Fic

84

Pappel

Weide

Kiefer

Buche

Lärche

Eiche

Ahorn

85

Eiche: Gutes Holz für lang anhaltende Glut. Widerstandsfähig gegen Wasser, deshalb geeignet für Brückenpfeiler, Bootsstege, Pfahlbauten und Wasserleitungen.

Erle: Schlechtes Brennholz, widerstandsfähig gegen Wasser, deshalb geeignet für Pfahlbauten u. dgl. (siehe Eiche).

Fichte: Gutes Brennholz. Geeignet für Lagermöbel, Brücken, Türme und Flöße. Innenrinde als Notproviant geeignet. Zweigspitzen ergeben gekocht einen guten Vitamintrank.

Föhre oder Kiefer: Gutes Brennholz, gut geeignet für Bauten unter Wasser (siehe Eiche).

Hasel: Gutes Brennholz. Biegsame Äste gut geeignet für Stöcke aller Art, Bögen und Angelruten. Haselnüsse sehr nahrhaft.

Kastanie: Schlechtes Brennholz, gut für Wasserbauten (siehe Eiche). Maroni der Edelkastanie schmackhaft und nahrhaft.

Lärche: Gutes Holz zum Anbrennen. Gut geeignet für Wasserbauten (siehe Eiche).

Linde: Schlechtes Brennholz, gut für Schnitzarbeiten. Lindenblüten ergeben den besten Tee gegen Grippe, Erkältung u. dgl.

Tanne: Gutes Brennholz, geeignet für Lagermöbel, Brücken, Türme und Flöße. Innenrinde als Notproviant geeignet. Zweigspitzen ergeben gekocht einen starken Vitamintrank.

Pflanzen zum Gurgeln

Die wichtigsten Heilpflanzen solltest du kennen. Sie sind gesund und meist wohlschmeckend: Pfefferminze zum Beispiel. Und wenn's mal wo zwickt, können sie als Medikament eingesetzt werden: Tausendguldenkraut bei Magenschmerzen, Salbei bei Halsweh, Lindenblüten bei Fieber und Erkältung.

Heilpflanzen werden als Tee, Absud oder Kaltansatz aufbereitet und zum Trinken, Gurgeln, Einreiben oder als Kompressen verwendet. Knoblauch, Zwiebel, Rettich und Sellerie können roh gegessen oder entsaftet und getrunken werden.

Arnika, Tausendguldenkraut und Wermut stehen unter Naturschutz und dürfen nur in Notfällen gepflückt werden. Wermut ist in hoher Dosis giftig, also nur in Minimaldosis und nicht täglich verwenden.

Kenntnisse der Heilpflanzen gehören zu den ältesten Weisheiten. Und das sind die Anwendungsmöglichkeiten:

Arnika: Zahnfleischentzündung, Mandelentzündung, Mundentzündung, schlecht heilende Wunden

Baldrian: Beruhigend. Magen- und Darmstörungen

Brennnessel: Verschleimung, Magen- und Darmstörungen; sehr vitaminreich

Eibisch: Erkältung, Husten

Fenchel: Magen- und Darmstörungen

Hirtentäschel: Nasenbluten, Harnbeschwerden, Ohrenschmerzen

Kamille: Erkältung, Magen- und Darmstörungen

Knoblauch: Infektionskrankheiten, Herzbeschwerden, hoher Blutdruck

Melisse: Herzklopfen, Schlafstörungen, Magen- und Darmbeschwerden

Pfefferminze: Kopfschmerz, Brechreiz, Magenverstimmung

Ringelblume: Brechreiz, Magenbeschwerden
Salbei: Halsweh, Grippe, Fieber, Magenbeschwerden
Schafgarbe: Magenbeschwerden, Darmbeschwerden
Tausendguldenkraut: Magenverstimmung
Thymian: Husten
Wermut: Magenverstimmung
Mit Heilkräutern könnt ihr nur herumexperimentieren,
wenn die entsprechende Krankheit harmlos ist und schnell
vorübergeht. Ansonsten muss natürlich der Arzt benach-
richtigt werden.

Wettervorhersagen

Wie schön, wenn eine spinnt

Freu dich, wenn du eine Spinne siehst, die ihr Netz webt:
Dann gibt es sicher schönes Wetter, auch wenn's laut amtli-
cher Wettervorhersage regnen wird. Die Spinne weiß es
besser als der Meteorologe – zumindest für das Gebiet, in
dem sie spinnt.
Es gibt nämlich »kleinräumige« und »großräumige« Wet-
tervorgänge, die oft sehr unterschiedlich sind. Wenn die
Meteorologen beispielsweise eine »großräumige« Wolken-
decke über Mitteleuropa vorhersagen, kann es durchaus
sein, dass sogenannte Wetterscheiden, wie etwa Berge, in
deinem Gebiet die Wolken aufreissen – und für dich die
Sonne scheint.
Die Spinne spürt das schon vorher und webt ihr Netz.

Würde sie Regen erwarten, der das Netz zerstört, dann spinnt sie es erst gar nicht.

Was dir Frösche und Gänseblümchen verraten

Wie die Spinne reagieren auch Frösche, Maulwürfe, Regenwürmer, Schwalben, Kühe und sogar Gänseblümchen, Huflattich, Sauerampfer oder Birken auf Besonderheiten, die einen »kleinräumigen« Wetterumschwung ankündigen: fallender oder steigender Luftdruck, Wechsel von Temperatur, Windrichtung, Luftfeuchtigkeit usw. Auch Wolken und Nebelschwaden sind Wetterpropheten. Du musst nur wissen, was dir Frösche, Schwalben, Löwenzahn und Schäfchenwolken verraten:

Schön-Wetter-Boten

Spinnen weben ihr Netz
leuchtende Johanniswürmchen
Lerchen hoch in der Luft
hoch fliegende Schwalben
Grillen zirpen am Abend
Frösche quaken am Abend
kleine Haufenwolken, die
   gegen Abend verschwinden
Schäfchenwolken sehr hoch
   über Haufenwolken
Abendrot
Regenbogen am Abend
Abendnebel
Frost am Abend

Schäfchenwolken über Haufenwolken: Gutes Wetter steht bevor

89

starker Tau
grauer Morgenhimmel
fallender Morgennebel
heiße Tage, kühle Nächte
warme Täler, kühle Berge
warme Wälder, kühle Felder
Berge im Dunst
Ostwind
Rauch über Feuer steigt
   gerade aufwärts

Quakt er abends: schönes Wetter
Quakt er morgens: schlechtes Wetter

Schlecht-Wetter-Boten

Tief fliegende Schwalben
springende Fische
lästige Mücken
Vieh schnüffelt mit empor gehaltener Nase, wehrt sich
   gegen Mücken, drängt abends von der Weide
Kühe fressen besonders gierig
Frösche quaken morgens und tagsüber
viele Regenwürmer
viele Schnecken
Maulwurf wirft Hügel auf
Hunde benagen das Gras
bellende Füchse
Tauben bleiben in der Nähe des Schlages
klare Fernsicht
Sterne funkeln auffallend stark
Birken riechen stark
Baumrinden schwitzen, besonders die glatten Rinden der
   Buchen

Gänseblümchen, Huflattich, Sumpfdotterblume, Hahnen-
fuß und Sauerrampfer nehmen bei Tag ihre Schlafstellung
ein
Gänsedistel schließt den Blütenkopf nicht über Nacht
Stiefmütterchen verschließt abends die Blüte so stark, dass
sie verwelkt aussieht
Löwenzahn schließt den Blütenkelch
Nässe an Brunnen und Wasserleitungen
Salz wird feucht
Butter wird rutschig
Morgenrot
tiefblauer oder hellblauer Himmel am Morgen
steigender Morgennebel
Schäfchenwolken hängen tief
Federwolken hängen tief
Wolkenschleier
hängende schwarze Wolken
alle Gewitterwolken

Gewitterboten

In aller Herrgottsfrüh ist manchmal schon zu erkennen, ob
abends oder tagsüber ein Gewitter kommt, und zwar an
folgenden Vorboten:
- Regenbogen am Morgen
- Morgennebel bei hoher Temperatur
- Ausbleiben des Morgennebels und stechende Sonne bei
  düsterem Wetter

Bei solchen Anzeichen ist es besser, Bergtouren zu vermeiden. Denn Gipfel sind extrem blitzgefährdet. Bleibt in
Wäldern, wo ihr vorm Blitz gut geschützt seid!

Gewitter können auch ohne die eben beschriebenen Vorboten kommen. Sie kündigen sich dann so an:

- Haufenwolken, die sich bei Windstille vergrößern und nach oben ausstrahlen oder Zacken bilden
- Schichtwolken, die sich zu Zacken verändern
- kalte Windstöße
- verstummende Tierstimmen

Wenn's blitzt: Sekunden zählen

Wenn's blitzt und donnert, kannst du die Entfernung des Gewitters sehr genau abschätzen: Die Sekunden zwischen Blitz und Donnerschlag durch 3 dividiert ergeben die Entfernung in Kilometern. Mit mehrmaliger Messung kannst du feststellen: Kommt das Gewitter? Entfernt es sich? Zieht es vorbei?

Blitzgescheite Tipps

Schon bei den geringsten Anzeichen eines Gewitters heißt es:
Schnellstens blitzgefährdete Stellen verlassen und blitzgeschützte oder zumindest einigermaßen blitzsichere Stellen aufsuchen.

- Blitzgeschützt bist du in Autos, Seilbahngondeln, Eisenbahnwaggons und dergleichen mit Metallkarosserie. Sie bilden einen Faraday'schen Käfig, der den Blitz abschmettert.
- So gut wie blitzgeschützt bist du in Häusern, Schutzhütten, Biwakschachteln und dergleichen mit Blitzschutzanlagen.

- So gut wie sicher bist du in einem Wald. Denn der Blitz wird nicht gerade in den Baum einschlagen, unter dem du stehst.
- Einigermaßen sicher vor dem Blitz bist du 2 bis 8 Meter von einer Felswand oder einem Felsbrocken entfernt, vorausgesetzt, der Fels ist zehnmal größer als deine zusammengekauerte Gestalt.
- Die beste Körperhaltung bei Blitzschlaggefahr: kugelig zusammenkauern, beide Beine ohne Zwischenraum nebeneinander stellen, darauf achten, dass außer den Beinen nichts den Boden berührt, also nicht mit den Händen aufstützen, nicht knien, nicht den Regenmantel, das Seil oder sonst was zu Boden hängen lassen.

Blitzgefährdet und somit zu meiden sind folgende Stellen:
- alle Spitzen wie Berggipfel, Felszacken, Grate, Masten, Türme, alleinstehende Bäume usw.
- Alles, was aus Metall ist: Gipfelkreuz, Stahlseilsicherungen, Kletterhaken, Eisenwege, Steigleitern und Blitzableiter von Gipfelkreuzen. Axt, Messer, Karabiner oder Eispickel sollen nicht herumliegen, sondern im Rucksack verpackt sein.
- Blitzgefährdet sind auch alle Eingänge von Höhlen und Tunnels, Überhänge, Felsdächer, Nischen, Felsrisse, Schluchten und Grotten.
- Alle feuchten oder nassen Stellen, also Quellen, Sumpfgebiete, Flüsse, Teiche, Seen, Pfützen.

Zu meiden sind auch alle Stellen,
- wo sich der Regen zu Sturzbächen bündelt und deshalb eine blitzgefährdete Nasszone entsteht,
- wo Steinschläge durch die Erschütterungen eines Blitzschlags ausgelöst werden können.

Akute Blitzgefahr kündigt sich meist so an: Kribbeln auf der Haut, Sträuben der Haare, Surren von Metallgegenständen, leises Knistern, Spinnwebengefühl auf der Haut. Gespenstisch wirkt in diesen Minuten das bläuliche Leuchten des Elmfeuers an Metallgegenständen.

Wenn alles vorbei ist, dann lass uns in aller Gemütlichkeit eine Tasse Kaffee trinken und darüber reden, dass sich das Gewitter im Kaffee voraussehen hätte lassen.

Wetterprognose aus dem Kaffee

Keine Hexerei! Das bevorstehende Wetter lässt sich tatsächlich aus dem Kaffee herauslesen, zumindest mit 80-prozentiger Wahrscheinlichkeit.

Wirf ein Stück Zucker in eine Tasse mit schwarzem Kaffee und betrachte die aufsteigenden Bläschen.

Gewitter, Unwetter und Hagel sind zu erwarten, wenn die Bläschen, zu einem Punkt zusammengeballt, dem Tassenrand zustreben.

Regen ist zu erwarten, wenn die Bläschen gleichmäßig auseinanderstreben und einen Kreis am Tassenrand bilden.

Mit wechselhaftem Wetter ist zu rechnen, wenn die Bläschen ein zusammenhängendes Netz bilden.

Und schön wird's, wenn die Bläschen in der Mitte bleiben.

Debattenspiele

Das Rededuell: Sport nach Spielregeln

Das Wort Debatte kommt vom altlateinischen »battuere« (schlagen) und bedeutet: rednerischer Schlagabtausch, Kampf mit Worten, Rededuell.
Es wird also gekämpft, mit Rede und Gegenrede, Argumenten und Gegenargumenten – streng nach Spielregeln, denn die Debatten der Pfadfinderinnen und Pfadfinder sind Spiele wie Fußball und Tennis.

Bloß kein Geschwafel

Sucht euch ein interessantes Thema aus. Einer von euch übernimmt die Rolle des Vorsitzenden. Er ist Moderator und Schiedsrichter, er erteilt oder entzieht das Wort, er achtet drauf, dass keiner foul spielt.
Üblicherweise seid ihr über ein Thema geteilter Meinung. Automatisch bilden sich zwei Parteien, die eine dafür, die andere dagegen.
Jede Partei schickt zunächst einen Anwalt ins Rennen, der die jeweiligen Argumente kurz vorträgt. Dann geht's los mit der Debatte.
Wie beim Ballspiel soll der Ball hin- und herflitzen, sollen sich Gegner die Argumente abjagen und Spieler einer Mannschaft die Bälle zuwerfen.
Gerade deshalb sind Spielregeln unerlässlich. Wenn sich Redner ins Wort fallen und nicht ausreden lassen, dann muss der Vorsitzende dazwischenfahren und notfalls auf Wortmeldungen bestehen.

Wenn einige Redner zu lange schwafeln (was sowieso nichts bringt, denn in der Kürze liegt die Würze), dann soll der Vorsitzende eine maximale Redezeit vorschlagen, zwei oder drei Minuten. Vor allem aber muss der Vorsitzende darauf achten, dass alle zu Wort kommen. Wenn sich einer gar nicht selbst meldet, wird ihm das Wort erteilt. Die Debatte darf keine Domäne von begabten Rednern sein.

Des Teufels Anwalt

Was aber, wenn ihr einer Meinung seid und eine Debatte nicht zustande kommt? Das Thema ist aber hochaktuell. Ihr wollt darüber debattieren!

Dann kann einer den Advocatus Diaboli spielen, des Teufels Anwalt.

Als Advocatus Diaboli wird der Promotor fidei (Glaubensanwalt) bezeichnet, der beim kirchenrechtlichen Prozess der Heiligsprechung verpflichtet ist, alle Argumente vorzutragen, die dagegen sprechen, dass eine Person heilig gesprochen wird. Allgemein und umgangssprachlich ist der Advocatus Diaboli also einer, der Argumente gegen seine eigene Meinung vorbringt. Das ist nicht jedermanns Sache, aber spannend und lehrreich, solange es ein Spiel bleibt. Besonders dann, wenn ein Advocatus Diaboli so geschickt argumentiert, dass er (zu seinem eigenen und euer aller Schrecken) sogar Redner der Gegenpartei über den Tisch zieht. Sinn des Spiels: die Gefährlichkeit der Demagogie zu durchschauen, der rednerischen Verführungskunst. Ihr könnt euch drauf einstellen und dagegen wappnen.

Goethe und Picasso liefern euch die Themen

Die interessantesten Themen sind meist aktuell. Sie liegen auf der Straße. Es ist auch reizvoll, über Spruchweisheiten, Zitate und Fabeln zu debattieren. Hier ein paar Vorschläge. Einige davon sollen euch bewusst zum Widerspruch provozieren. Unter den folgenden Denkern und Dichtern werdet ihr manchen Advocatus Diaboli finden:

Die Kunst zu langweilen besteht darin, alles zu sagen.
Voltaire

Wenn Mut ohne Erfahrung gefährlich ist, so ist dagegen Erfahrung ohne Mut matt und mangelhaft.
P. D. S. Chesterfield

Die Grundlage guter Manieren ist Selbstvertrauen.
Ralph Emerson

Nichts macht uns feiger und gewissenloser als der Wunsch, von allen Menschen geliebt zu werden.
Marie von Ebner-Eschenbach

Der reinste Schatz in diesem ird'schen Lauf,
mein teurer Fürst, ist unbefleckte Ehre,
ohn' die der Mensch bemalter Leim nur wäre.
William Shakespeare

Ein Pfadfinder soll seine Ehre als höchsten Wert ansehen.
Baden-Powell

Die Ehre ist, objektiv, die Meinung anderer von unserem
Wert und, subjektiv, unsere Furcht vor dieser Meinung.

Arthur Schopenhauer

Was verkürzt mir die Zeit?
 Tätigkeit!
Was macht sie unerträglich lang?
 Müßiggang!
Was bringt in Schulden?
 Harren und Dulden!
Was macht Gewinnen?
 Nicht lange besinnen!
Was bringt zu Ehren?
 Sich wehren! *Johann Wolfgang von Goethe*

Ganz unverhofft an einem Hügel
sind sich begegnet Fuchs und Igel.
»Halt!« rief der Fuchs. »Du Bösewicht!
Kennst du des Königs Order nicht?
Ist nicht der Friede längst verkündigt?
Und weißt du nicht, dass jeder sündigt,
der immer noch gerüstet geht?
Im Namen Seiner Majestät:
Geh her und übergib dein Fell!«
Der Igel sprach: »Nur nicht so schnell!
Lass dir erst deine Zähne brechen,
dann wollen wir uns weiter sprechen!«
Und alsogleich macht er sich rund,
schließt seinen dichten Stachelbund
und trotzt getrost der ganzen Welt,
bewaffnet, doch als Friedensheld. *Wilhelm Busch*

Leistet die gute Tat nicht nur für eure Freunde, sondern auch für Fremde, selbst für eure Feinde. *Baden-Powell*

Ein Mann fand eine frosterstarrte Schlange.
Er hob sie auf und wärmte sie mit güt'gem Herzen.
Sie schlug die Augen auf und biss den Retter
und züngelte dem Sterbenden ins Ohr:
»Ich bin das Böse. Wer mir dient, verrecke!« *Phädrus*

Die Hunde bellen
und die Karawanen ziehen weiter. *Sprichwort*

Beißt dich ein Hund
und du beißt ihn nicht wieder,
so meint er,
du hättest keine Zähne. *Sprichwort*

Hüte dich, in Händel zu geraten! Bist du drin,
führ sie, dass sich dein Feind vor dir mag hüten!
William Shakespeare

Nützlich ist uns oft ein Feind:
Er dient, wenn er zu schaden meint. *M. G. Lichtwer*

Hass, als Minus und vergebens,
wird vom Leben abgeschrieben.
Positiv im Buch des Lebens
steht verzeichnet nur das Lieben.
Ob ein Minus oder Plus
uns verblieben, zeigt der Schluss. *Wilhelm Busch*

Dass die Wölfe nach Freiheit schreien, ist begreiflich.
Wenn aber die Schafe in ihr Geschrei einstimmen,
so beweisen sie damit nur, dass sie Schafe sind.

Rudolf von Ihering

Freiheit bedeutet Verantwortlichkeit.
Das ist der Grund, weshalb die meisten Menschen
sich vor ihr fürchten. *Georg Bernard Shaw*

Auf seine Freiheit verzichten heißt,
auf seine Menschenwürde, Menschenrechte,
selbst auf seine Pflichten verzichten.

Jean-Jacques Rousseau

Wahre Freiheit macht edelmütig und bescheiden
und nicht unverschämt. *Johann Heinrich Pestalozzi*

Wenn sich die Sprüche widersprechen,
ist's eine Tugend und kein Verbrechen.
Du lernst nur wieder von Blatt zu Blatt,
dass jedes Ding zwei Seiten hat. *Paul Heyse*

Trennung lässt matte Leidenschaften
verkümmern und starke wachsen,
wie der Wind die Kerze verlöscht
und das Feuer entzündet. *La Rochefoucauld*

Junge Leute leiden weniger unter eigenen Fehlern
als unter der Weisheit der Alten.

Marquis de Vauvenargues

Man braucht sehr lange, um jung zu werden.

Picasso

Das Kind ist des Mannes Vater.

William Wordsworth

Es kann eher aus einem muntern Knaben
ein guter Mann werden als aus einem
naseweisen, klug tuenden Burschen.

Immanuel Kant

Das wird kein ganzer Kerl,
der nie ein Rüpel war.   *Otto Julius Bierbaum*

Man bleibt jung, solange man noch lernen,
neue Gewohnheiten annehmen und
Widerspruch ertragen kann.

Marie von Ebner-Eschenbach

Wer seinen Willen durchsetzen will,
muss leise sprechen.   *Jean Giraudoux*

Wasserspiele

Ein Indianerkanu – selbst gebastelt

 Ein Indianerkanu wie aus der klassischen Zeit des Wilden Westens könnt ihr euch selber machen:
Das Bootgerüst wird entsprechend der Zeichnung erst einmal als Modell gebaut, dann als Original mit frisch geschälten Weidenruten und Stangen. Statt der mit Harz verpichten Birkenrinde, die den Indianern als sogenannte Bootshaut diente, nehmt ihr besser ein Segeltuch.
Tüftelt die Konstruktion selbst aus, lernt durch Tun, lernt durch Fehlermachen.
Ein solches Kanu ist für 2 bis 3 Personen geeignet.

Zwei Steuermänner für ein Floß

Eine größere Gruppe zimmert sich am besten ein Floß mit Segel nach Wahl: Rahsegel, Sprietsegel oder Lateinersegel (siehe Seite 103).
Ein Floß lässt sich nur auf Kurs halten, wenn zwei gut ausgebildete und aufeinander eingespielte Steuermänner an den Rudern stehen, vorne und hinten.
Auch aus Reifen oder einem Fass kannst du lustige Boote bauen.

Flöße und Boote

Floß immer mit
zwei Steuermännern

Sprietsegel

Rahsegel

Lateinersegel

Reifenboot

Fassboot

Das Wasser – mit Vorschriften gepflastert

Egal, ob ihr eure Boote und Flöße selber bastelt oder ob ihr sie ausleiht: Ihr müsst eine Menge Vorschriften beachten, Binnenschifffahrtsordnungen und andere Gebote oder Verbote, die zum Teil amtlich sind, zum Teil sogar von Pfadfinderorganisationen erlassen wurden. Denn das Prinzip »Lernen durch Tun« und »Lernen durch Fehlermachen« fordert hier ganz besondere Sicherheitsmaßnahmen heraus:

Jeder Pfadfinder muss beim Spiel auf Wasserfahrzeugen eine Schwimmweste tragen. So viele wie möglich von euch sollen eine Rettungsschwimmerausbildung haben, mindestens einer in jeder Patrouille. Bereit liegen müssen Rettungsringe, Reserveruder und Reservesteuer.

Auf Flüssen, Seen oder an der Meeresküste gelten möglicherweise unterschiedliche Gebote und Verbote, die ihr vorher bei Küstenwache, Wasser- oder Schifffahrtsdirektionen, Wasserpolizei usw. erfragen könnt.

Bei Flussfahrten müssen vorher anhand von Flusskarten und gegebenenfalls durch Erkundigungen vom Land aus alle denkbaren Gefahrenstellen abgeklärt werden: Stromschnellen, Wasserfälle, Schleusen, Stauwehr usw.

Die Schifffahrtszeichen müsst ihr natürlich auch kennen.

Biotop und Paragraphen-Dschungel

Besondere Vorschriften gelten in Naturschutzgebieten, Vogelschutzgebieten, Biotops und so weiter.

Wenn ihr auf einem Fluss ins Ausland fährt, vielleicht zu einem Besuch bei den Pfadfindern und Pfadfinderinnen, so erkundigt euch vorher über Grenzformalitäten und Vor-

schriften, damit eure Reise nicht wegen solcher Formalitäten ins Wasser fällt. Ein Paragraphen-Dschungel also,
der euch beim Abenteuer auf dem Wasser erwartet. Er hat
seinen Sinn. Da müsst ihr durch. Erst dann macht's richtig
Spaß.

Das Spiel ohne Grenzen

Ein Riesenspaß – gegen den Krieg

Auslandsreisen und gegenseitige Besuche von Pfadfindern
und Pfadfinderinnen gehören zum großen Spiel. B. P. be-
zeichnete sie, wie schon erwähnt, als »Kreuzzüge für den
Frieden«. Denn: Mitglieder der Pfadfinderbewegung *sind
während ihrer Reisen im Ausland Botschafter des guten
Willens, sie schließen Freundschaften und reißen alle
Schranken der Rasse, der Religion und der Klasse nieder.*
Und weiter im Originalton Baden-Powell: *Wenn wir mit
unseren Nachbarn in fremden Ländern und Übersee
Freundschaft schließen und wenn sie unsere Freundschaft
erwidern, so werden wir nicht das Verlangen haben, gegen
sie zu kämpfen. Das ist bei weitem die beste Methode, um
künftige Kriege zu verhindern und einen dauerhaften
Frieden zu sichern.*
Eine ernste Sache ist sie also, deine Reise ins Ausland – und
ein Riesenspaß soll sie sein.

Mit Commissioner geht alles besser

Also – nichts wie raus in die weite Welt.

Halt! Vor dem Start haben die Götter die Formalitäten gesetzt. Leider geht's nicht ohne. Die Pfadfinderbewegung ist zu groß geworden, und nur mit viel Know-how und organisatorischen Vorbereitungen werden Besuche von Pfadfindern und Pfadfinderinnen ein ungetrübtes Erlebnis. Keiner von uns hat die Formalitäten gerne. Lass uns deshalb das Thema schnell anpacken:

Angenommen, ihr möchtet einen Besuch bei Pfadfindern und Pfadfinderinnen in Schweden machen, etwa in Höhe des Polarkreises, denn ihr wollt um Mitternacht die Sonne sehen.

Schreibt zunächst an den Auslandsbeauftragten (international Commissioner) eures Verbandes einen Brief mit folgenden Angaben: Name eurer Gruppe, Name und Adresse des verantwortlichen Fahrtenleiters, Anzahl der Fahrtenteilnehmer (männlich, weiblich), Alter, Reiseziel, Dauer der Fahrt, Art der gewünschten Begegnung: Zeltlager, Familienaufenthalt, Bootsfahrten, Bergsteigen u. dgl. Falls beabsichtigt: Angebot für einen Rückbesuch.

Der Sinn solcher Formalitäten liegt auf der Hand. Der oder die Auslandsbeauftragte ist mit allen Wassern der internationalen Pfadfinderbegegnungen gewaschen und hat entsprechende Verbindungen. Er oder sie schreibt dem international Commissioner in Schweden. Nun wird eine entsprechende Pfadfinder- und Pfadfinderinnengruppe am Polarkreis gesucht, ihr bekommt die Adresse, und alles Weitere ist dann eure Sache.

Tips, die Geld bringen

Sehr sinnvoll ist es, beim zuständigen Ministerium, bei Kreis- oder Stadtjugendring einen Fahrtkostenzuschuss zu beantragen. Tips gibt euch der oder die Auslandsbeauftragte. Der Aufwand kann sich lohnen. Erkundigt euch bei Bahn, Reisebüros oder Fluggesellschaften, ob für Jugendliche, für Gruppen ab soundsoviel Personen und für bestimmte Zeiten irgendwelche Ermäßigungen zu haben sind.
Wenn ihr in exotische Länder reist, dann klärt rechtzeitig, ob Impfpflicht besteht oder Impfungen empfohlen werden. Wichtig: Der Nachweis für Impfungen wird manchmal erst bei der Rückkehr in die Heimat verlangt!
Und nicht vergessen: Jeder von euch muss bei Auslandsfahrten eine Versicherung abschließen. Infos sind bei euren Bundeszentralen zu haben.

Dein spezieller Sesam-öffne-dich

Fast hätte ich das Thema verdrängt. Denn die Ursache ist ärgerlich: Das weltweite Ansehen der Pfadfinder und Pfadfinderinnen, die schnell geschlossenen Freundschaften innerhalb der großen Bruderschaft, die Pflicht zur gegenseitigen Hilfsbereitschaft – sie wurden mitunter missbraucht. Von hochstaplerischen Typen, die sich als Pfadfinder ausgaben, ohne Pfadfinder zu sein.
Hier musste ein bürokratischer Riegel vorgeschoben werden. Für Pfadfinder und Pfadfinderinnen gibt's deshalb ein spezielles Dokument, den internationalen Empfehlungsbrief in weltweit gültigem Standardformat und zwei-

sprachig: englisch, französisch. Er ist dein Sesam-öffne-dich im Ausland.

Nur mit diesem Dokument wirst du im Ausland als Mit-glied der großen Pfadfinderbewegung anerkannt, und nur Besucher mit diesem internationalen Empfehlungsbrief sollt ihr als Pfadfinder und Pfadfinderinnen anerkennen.

So bekommst du ihn: Erbitte einen Antrag für den inter-nationalen Empfehlungsbrief bei deinem Landesbüro und schicke ihn ausgefüllt an die im Formular angegebene Adresse. Meist ist es wieder der Landesverband.

Und nun: Start frei ins fremde Land. Nach Schweden, um bei dem hier gewählten Beispiel zu bleiben, ins Land der Mitternachtssonne.

Välkommen til Sverige

So könntet ihr begrüßt werden: »Välkommen til Sverige – Willkommen in Schweden.« Und das solltet ihr auch ver-stehen, egal, ob in Schweden oder einem anderen Land, wo ihr als Pfadfinder willkommen geheißen werdet.

Denn beim Eintreffen im Gastland solltet ihr die Sprache des Gastlandes in ihren einfachen Grundzügen schon ken-nen oder zumindest einige Vokabeln vorher gebüffelt haben.

Vor Ort lernst du dann beim Reden die Sprache unglaublich schnell. Aber nur dann, wenn du ein paar Grundbegriffe kennst und gewissermaßen auf den fahrenden Zug des Gesprächs aufspringen kannst. Nütze diese Chance!

Pfadfinder-Wörterbuch

Englisch ist auch innerhalb der Pfadfinderei die Weltsprache. Hier einige pfadfindertypische Vokabeln in Deutsch und Englisch:

Deutsch	Englisch
Bundeslager	National Camp
Bund/Verband	Association
Gesetz	Law
Versprechen	Promise
Allzeit bereit	Be Prepared
Tracht	Uniform
Halstuch	Neckerchief
Mütze/Barett	Beret
Gürtel	Belt
Abzeichen	Badge
Wichtel	Brownie
Wölfling	Cub Scout
Pfadfinderin	Guide
Pfadfinder	Scout
Pfadfinderleiter	Scout Leader
Trupp/Stamm	Scout Troop
Patrouille	Patrol
Patrouillenleiter	Patrol Leader
Ranger	Ranger
Rover	Rover
Pfadfinder-trotz-allem	Extension Scout/Guide
Morgenandacht	Morning prayers
Abendandacht	Evening prayers
Tischgebet	Grace
Gottesdienst	Service
Lagerleitung	Camp Staff
Lagerleiter	Camp Leader
Lagerfeuer	Campfire
Nationalhymne	National Anthem

Zelt aufschlagen	To pitch a tent
Vorratszelt	Store tent
Waschstelle	Washing cabin
Toilette	Lat
Zeltstange	Tentpole
Zeltleine	Guy line
Bindfaden/Schnur	String
Schlafsack	Sleeping bag
Luftmatratze	Air-mattress
Decke	Blanket
Streichhölzer	Matches
Kochen	To cook
Kochtopf	Cooking pot
Küchentisch	Kitchen table
Abfallgrube	Refuse pit
Brennholz	Fire wood
Messer	Knife
Gabel	Fork
Löffel	Spoon

Beobachten und Debattieren

Was sehr oft zu Kriegen führt, so schreibt B. P., *ist die Tatsache, dass die Leute in den verschiedenen Ländern meist persönlich sehr wenig voneinander wissen.*

Wissen bekommt ihr bei gemeinsamen Wanderungen mit den Pfadfindern des Gastlandes, bei gemeinsamen Spielen und Pionierarbeiten, vor allem aber bei den von B. P. empfohlenen Beobachtungsspielen und Debatten.

Beobachtet also die Unterschiede zwischen Gastland und Heimat, diskutiert darüber, versucht die Ursachen der Unterschiede zu ergründen.

Ein paar Anregungen:

Beobachtet die Menschen, die anderen Lebensgewohnhei-

ten, die andere Architektur der Häuser, andere Wohnungs-
einrichtungen, andere Kleidermode, andere Essgewohn-
heiten, andere Kindererziehung, andere Schulsysteme.
Und debattiert über Fragen, die sich aufdrängen.
Beobachtet Unterschiede in der Natur: anderes Klima,
andere Windrichtungen, andere Windstärken, andere
Bäume, andere Sträucher, andere Pflanzen, andere Tiere,
andere Rhythmen der Jahreszeiten. Fragt zum Beispiel:
Welche Wirkungen haben Klima und Windstärke auf die
Tiere und Pflanzen am Polarkreis?

Was euch Riesen und Hexen erzählen

Beobachtet Unterschiede in der Kunst: andere Methoden
der Malerei, Vorlieben für helle oder dunkle Farben, Besonderheiten der Volkslieder, Besonderheiten der Sagen und
Märchen, spezielle Themen in den meistgelesenen Büchern
des Landes. Versucht herauszufinden, warum diese oder
jene Sagenfigur gerade in eurem Gastland entstanden ist.
Ihr werdet verblüfft sein, was euch Sagengestalten wie Rie-
sen und Hexen, Feen und Wassermänner alles erzählen
können über ein Land, seine Menschen und seine Probleme
– wenn ihr nur lange genug beobachtet, forscht, debattiert.
Beobachtet die Unterschiede in Tradition, Religion und
Geschichte. Wie wurden die Menschen des Gastlandes
von Vergangenheit und Glaubensbekenntnis geprägt?

Schranken niederreißen

Fragt euch aber auch: Wo sind Chancen für Freundschaft
und Verständnis? Wie könnt ihr – dem Wunsch von B. P.

entsprechend – *die Schranken der Rasse, der Religion und der Klasse niederreißen?*

Ruft in Erinnerung, was alle Pfadfinder und Pfadfinderinnen auf der Welt gemeinsam haben: Pfadfinderversprechen, Pfadfindergesetz, Pfadfinderwahlspruch, Lilie und Kleeblatt mit ihren Sinngehalten, Pfadfinderkluft und Pfadfinderpfiff, Zweck, Grundsätze und Methode der Pfadfinderei.

Die Exotik der Heimat

Wenn dann, nach einem Jahr vielleicht, die alten Freunde aus Schweden, oder wo immer ihr gewesen seid, zum Gegenbesuch kommen, dann werdet ihr mit ihnen debattieren, über eure Lebensgewohnheiten und euer Schulsystem, über Klima und Windstärke in eurem Land, über eure Sagengestalten und eure Geschichte, über eure Tradition und Religion – und aus der Sicht eurer Freunde werdet ihr manches daheim exotisch empfinden, ihr werdet Erstaunliches erfahren über eure Heimat.

Auch das war der Sinn eurer Reise ins Ausland.

Jamboree: Treffpunkt aller Rassen und Religionen

20.000–50.000 Pfadfinderinnen und Pfadfinder aller Rassen und Religionen kommen aus 141 Ländern zu einem Jamboree: zu einem der Weltpfadfindertreffen, die seit 1920 veranstaltet werden.

Eine verblüffend hohe Zahl – verglichen mit den etwa 5.000–20.000 Einwohnern einer Kleinstadt. Eine erschreckend niedrige Zahl, wenn man daran denkt, dass es

38 Millionen Pfadfinderinnen und Pfadfinder auf der Welt gibt, die alle gern an einem Jamboree teilnehmen möchten und von denen – rechnerisch überspitzt ausgedrückt – 25,980.000–25,950.000 zu Hause bleiben müssen.

Wenn ihr euch um eine Teilnahme bewerben wollt, dann besorgt euch möglichst früh eine Ausschreibung bei eurem Pfadfinderverband. Sie ist auch in den meisten Pfadfinderzeitungen veröffentlicht.

Jedes Mitgliederland kann nur eine bestimmte Anzahl von Pfadfindern und Pfadfinderinnen schicken. Die Zahl schwankt von Jamboree zu Jamboree. Mal sind es mehr, die fahren können, mal weniger, auf jeden Fall zu wenig.

Logischerweise hat kein Bewerber die Garantie, zum Jamboree fahren zu dürfen. Es gibt aber die absolut sichere Garantie, nicht daran teilzunehmen – indem man sich nicht um die Teilnahme bewirbt.

Versuch es – und falls es nicht klappen sollte, dann freu dich, dass es eine tolle Alternative gibt: die Join-in-Jamborees.

Die Join-in-Jamborees

Für alle Daheimgebliebenen werden gleichzeitig mit den großen Jamborees sogenannte Join-in-Jamborees (Mach-mit-Jamborees) veranstaltet, internationale Pfadfindertreffen in allen Ländern der Welt, natürlich auch in deiner Heimat, und zwar gleich mehrere, so viele wie möglich. Und bei einem davon kannst du sicher dabei sein.

Der Startschuss zu dieser Idee fiel 1971, als die Japaner das Jamboree am Fuß des Fudschijama inszenierten. Gleichzeitig wurden in aller Welt – auch in deiner Heimat – Join-in-Jamborees veranstaltet, bei denen es recht japanisch zuging: Auf den Lagerplätzen standen typische japanische

Gebäude, Tempel und Pagoden zum Beispiel, täuschend echt von Pfadfindern errichtet. Überall erklang japanische Musik, zudem gab es ein Programm mit japanischen Darbietungen, wie Theater, Lieder, Tänze usw., und japanische Speisen und Getränke.

Pfadfinder und Pfadfinderinnen aus aller Welt waren zu den Join-in-Jamborees geladen, aus den jeweiligen Nachbarländern vor allem, aber auch aus Übersee und aus dem Gastland, damit die japanische Atmosphäre original rüberkam. Die Idee hat sich bewährt. Heute sind Join-in-Jamborees selbstverständlich, sehr beliebt und weit mehr als nur ein Ersatz für das Original-Jamboree.

Mach mit nächstes Mal! Entweder in deiner Heimat oder bei einem Join-in-Jamboree im Ausland. Du kannst auch mit deiner Gruppe selbst ein Join-in-Jamboree oder ein internationales Lager allgemeiner Art inszenieren. Die Auslandsämter helfen euch dabei. *Wenn du eine gute Sache machen willst,* schreibt B. P., *dann rede nicht lang herum, stell keine Kette von Fragen, sondern fang's an und führ's durch. Wenn du so verfährst, wirst du Erfolg haben im Leben.*

»Wir haben gesiegt«

Bei internationalen Lagern bietet die Pfadfindermethode genügend Gemeinsamkeiten und Anregungen für Spaß und Spiel mit Teilnehmern aus anderen Ländern.

Zwei besonders internationale Aktivitäten sollen hier noch erwähnt werden: das Friendship-Spiel und das »Tschänschen«.

Das Friendship-Spiel wurde während des Jamborees 1963 auf dem Schlachtfeld von Marathon in Griechenland erfunden und erstmals gespielt.

(490 vor Christus besiegten die Athener unter Miltiades ein übermächtiges Heer persischer Angreifer mit einer Kriegslist. Legendär wurde der »Läufer von Marathon«, der die Botschaft nach Athen brachte und mit dem Ruf »Nenikhkamen – wir haben gesiegt!« tot zu Boden sank. Daran erinnert heute noch der Marathonlauf über 42.200 Meter.)

2.453 Jahre später, beim friedlichen Jamboree 1963, starteten auf dem Schlachtfeld von Marathon die Pfadfinder und Pfadfinderinnen zum ersten Friendship-Spiel. Es wird auch »wide game« genannt, »großes Spiel«.

Das Friendship-Spiel

Dabei werden an euch alle Tafeln mit den Buchstaben eines Wortes verteilt. Beim Jamboree in Marathon war es das Wort »Nenikhkamen«. Inzwischen hat sich das Wort Friendship (Freundschaft) eingebürgert. Deshalb der Name.

Nehmen wir an: Du hast das E bekommen. Deine Aufgabe: mit anderen Teilnehmern das Wort FRIENDSHIP zu bilden. Das Wort muss mit Buchstaben von Pfadfindern und Pfadfinderinnen aus verschiedenen Ländern zusammengesetzt werden. Keine zwei Buchstaben dürfen aus ein und demselben Land stammen.

Auf ein vereinbartes Startsignal – meist kracht ein Böllerschuss – geht's los.

Und nun: nichts wie weg von den Teilnehmern deines eigenen Landes, raus ins internationale Getümmel, zu den Pfadfindern und Pfadfinderinnen anderer Länder, die dir schon mit erhobenen Buchstabentafeln entgegenlaufen. So könntest du das Spiel erleben: Eine Japanerin mit dem D kommt auf dich zu. Ihr verbündet euch, lauft gemeinsam weiter, überholt einen Portugiesen mit dem N und nehmt ihn in die Mitte. Dort drüben ein Japaner mit dem H – nein, halt, sorry, eine Japanerin habt ihr ja schon. Also weiter – da läuft ein Chilene mit dem I, er passt zu euch. Ihr ordnet jetzt die Buchstaben und rennt nebeneinander her: IEND. Und dort kommt HIP dahergelaufen, eine Dreiergruppe aus Schweden, Italiener, Thailänder. Große Verbrüderung: IEND und HIP. Zusammenbleiben!

Eine Französin mit dem F wird eingefangen, gleich darauf mischt sich ein Inder mit dem R zu euch. FRIEND und HIP. Fast fertig! Ein S muss her! Gar nicht einfach, ein S zu finden, ein einzelnes S, denn die meisten sind schon in Buchstabengruppen unterwegs: SH aus Formosa und Polen beispielsweise, oder NDSH, kombiniert aus Bolivien, Norwegen, Kamerun und Dänemark.

Aber dort – ein Pfadfinder aus Uganda mit hoch erhobenem S! Er rennt auf eine andere Gruppe zu, will sich denen anschließen – also nichts wie hinterher, ihr seid schneller, schnappt ihn euch: FRIENDSHIP komplett, Freundschaft geschlossen!

Freundschaft fürs Leben

Eure FRIENDSHIP-Gruppe soll während des internationalen Lagers möglichst oft zusammenkommen: zum Wandern, zum Singen, zum Spielen, zum Lagerfeuer.

Und wenn ihr euch good bye gesagt habt, wenn ihr wieder zu Hause seid, dann schreibt ihr euch Briefe, und vielleicht arrangiert einer von euch ein gemeinsames Treffen mit euren Gruppen, ein neues internationales Lager, in Schweden, in Portugal, in Uganda oder bei dir daheim.

Und vielleicht trefft ihr euch nach vielen Jahren wieder,

nach Jahrzehnten vielleicht, bei einer Geschäftsreise oder einem Urlaubstrip oder bei sonst einer Gelegenheit: Friendship – Freundschaft fürs Leben!

Tschänschen

Wann immer Pfadfinder und Pfadfinderinnen bei einem internationalen Lager zusammentreffen, wird getschänscht. Schon beim ersten Jamboree 1920 ging's damit los.

Das Wort ist eine deutschsprachige Verballhornung des englischen »to change« (gesprochen: to tschänsch) und bedeutet: tauschen. Gemeint ist der Tausch pfadfindertypischer Gegenstände. Pfadfinder und Pfadfinderinnen haben Gürtelschlösser, Halstücher, Halstuchknoten, Fahrtenmesser usw., die von Land zu Land unterschiedlich sind und von Zeit zu Zeit neu gestaltet werden.

Bei einem internationalen Treffen wird dann getschänscht: dein Gürtelschloss gegen das Gürtelschloss eines armenischen Pfadfinders, dein Halstuch gegen das einer Schwedin usw. Je internationaler du daherkommst, desto besser. Es ist unglaublich, was alles getschänscht werden kann: Pfadfinderabzeichen in Stoff und Bronze, Pfadfinderwimpel, Pfadfinderkompasse, Pfadfinderbecher, Pfadfinderbücher, Pfadfinderbrennstempel, Pfadfindermusikkassetten usw. Es wurde sogar eine mit der Pfadfinderlilie bestickte Lederhose eines österreichischen Pfadfinders gegen einen argentinischen Poncho mit aufgenähter Pfadfinderlilie getschänscht.

Sammlerstücke für Schatzsucher

Besonders wertvoll – und deshalb mit besonderer Vorsicht zu tschänschen – sind inzwischen Gegenstände aus der Pfadfindergeschichte geworden, teure Sammlerstücke, die Koppelschlösser der zwanziger Jahre zum Beispiel. Oder die Stoffabzeichen vergangener Jamborees.

So sehen sie aus:

1. Jamboree
1920 Olympiahalle London,
England

3. Jamboree
1929 Arrowe-Park von
Birkenhead bei Liverpool,
England

2. Jamboree
1924 Ermelungen bei Kopenhagen,
Dänemark

4. Jamboree
1933 Gödöllö bei Budapest,
Ungarn

5. Jamboree
1937 Vogelenzang-Bloemendal,
Holland

8. Jamboree
1955 Niagara-on-the-Lake bei
Ontario, Kanada

6. Jamboree
1947 Moisson, Frankreich
»Jamboree des Friedens«

9. Jamboree
1957 Sutton-Park-Coldfield,
England – 50jähriges
Bestehen der Pfadfinderbewegung

7. Jamboree
1951 Bad Ischl, Österreich

10. Jamboree
1959 Makeling National Park bei
Manila, Philippinen

11. Jamboree
1963 Marathon, Griechenland

14. Jamboree
1975 Lillehammer, Norwegen

12. Jamboree
1967 Farragut State Park,
Idaho, USA

15. Jamboree
1983 Kananaskis Country, bei
Calgary Alberta, Kanada

13. Jamboree
1971 Asagiri Heights am Fuß
des Fudschijama, Japan

16. Jamboree
1988 Cataract Scout-Park
bei Sydney, Australien

17. Jamboree
1991 Soraksan, Korea

18. Jamboree
1995 Dronten, Holland

19. Jamboree
1999 Picarquin, Chile

Singen und Theater spielen

Die Schule des selbstbewussten Auftretens

Singen und Theater spielen: ein großer Spaß und ein Weg zum Erfolg. Allerdings wird diese Erfolgsmethode allgemein unterschätzt. Deshalb ein paar Argumente im Originalton Baden-Powell:

- Neben dem Vergnügen vermittelt die Schauspielerei auch Selbstvertrauen, sie lehrt das deutliche Sprechen, sie schult das Gedächtnis, die Fantasie, die Geduld und die Selbstkontrolle.
- Singen und Spielen sind das beste Training für die öffentliche Rede.
- Einfallsreichtum und Fantasie werden gestärkt, die Charakterbildung wird gefördert, Weisheiten werden vermittelt.
- Beim Singen und Theaterspielen verliert sich die Befangenheit, das selbstbewusste Auftreten wird geschult.

Die Ingonyama-Pantomime

Bei einem Fest der Zulus in Afrika hörte B. P. dieses Eingeborenenlied zu Ehren eines Häuptlings:
Einer sang: *Ingonyama gonyama* (Er ist ein Löwe, ein Löwe), darauf der Chor: *Inwubu, yabuh! yabuh! Inwubu* (Er ist besser, er ist ein Nilpferd.) Das war ein Kompliment für den Häuptling. Denn das Nilpferd gilt bei den Zulus als König der Tiere.
Baden-Powell schrieb Worte und Notation auf und machte später den Ingonyama-Song zum populärsten Pfadfinder-

lied, fast zu einer Art Pfadfinderhymne, die auf der ganzen Welt gesungen wird:

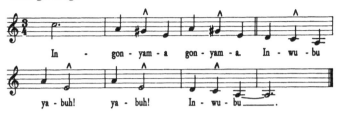

Ebenfalls bei den Zulus hörte Baden-Powell diesen Wechselgesang, den er mit dem Pfadfinder-Wahlspruch unterlegte. Einer singt »Seid bereit«, der Chor dann den Rest:

Diese beiden Eingeborenensongs regten B. P. zu einer Pantomime an, zu einem Gebärdenspiel ohne Sprechtext, angefeuert von Vorsänger und Chor. So geht's:
Pfadfinder und Pfadfinderinnen bilden einen Ring, halten sich an den Schultern, tanzen auf der Stelle oder im Kreis oder vor und zurück. Vorsänger und Chor singen den Ingonyama-Song, immer schwungvoll, manchmal leiser, manchmal lauter – je nachdem, was innerhalb des Kreises pantomimisch dargestellt wird. Zum Beispiel eine Löwenjagd: Der Jäger verfolgt die Spur des von einem Pfadfinder dargestellten Löwen, er pirscht sich näher, wird vom Löwen entdeckt, es kommt zum Kampf – und der vorher gewissermaßen auf leisen Pfoten gesungene Ingonyama-Song schwillt dramatisch an.
Nach Beendigung der Pantomime wird zu Ehren der Darsteller das zweite Lied gesungen.

Entsprechend dieser Regieanweisung lässt sich auch eine längere Abenteuerstory spielen, dargestellt von Pantomimen, begleitet von Vorsänger und Chor. Zum Beispiel: Zwei Trapper sitzen am Lagerfeuer, Indianer belauschen sie, nehmen sie gefangen, Freunde kommen zu Hilfe, beschleichen die Indianer, befreien die Gefangenen, werden auf der Flucht verfolgt und so weiter. Ingonyama gonyama ...

Diese von B. P. beschriebenen Pantomimespiele sind vor allem bei internationalen Pfadfindertreffen sehr beliebt. Es gibt keine Sprachprobleme, jeder weiß, um was es geht, Pfadfinder und Pfadfinderinnen aus verschiedenen Ländern können als Pantomimen auftreten.

Rollenspiel und Stegreifkomödie

Wichtig bei der ganzen Schauspielerei ist, dass jeder mitspielt, dass jeder seine interessante Rolle hat, dass alle auf die Bühne kommen, dass Starkult vermieden wird, dass keiner Statist ist oder nur Zuschauer.

Ihr könnt ein Textbuch mit einem mehr oder weniger berühmten Theaterstück kaufen, die Rollen auswendig lernen und danach spielen. Doch zur Gewohnheit werden soll das nicht. So etwas entspricht nicht ganz der Idee vom Selbermachen, vom »Lernen durch Tun«.

Besser ist ein Stegreifspiel, wie Baden-Powell es empfiehlt: *Ein kurzes, einfaches Stück wird erzählt, jeder bekommt eine Rolle, es wird ihm ungefähr gesagt, was er zu sagen und zu tun hat. Dann wird das Stück gespielt, jeder spricht und spielt seine Rolle, wie es ihm am besten erscheint. Das ist nützlich für die Ausbildung von Phantasie und Ausdrucksfähigkeit.*

Das Publikum reagiert auf jedes Wort, jeden Satz, jede

Gebärde und jedes Augenzwinkern: mit Szenenapplaus, spontanem Gelächter – oder mit Gähnen, Unruhe, Pfiffen. Ihr lernt durch Tun, durch Fehlermachen, durch Beobachten und Rückschlüsse ziehen. Und ihr werdet von Mal zu Mal besser.

Schnell habt ihr raus, wie ihr das Publikum mitreißt, wie ihr die Pointen zum richtigen Zeitpunkt zündet, wie ihr die Leute fasziniert.

Und vielleicht schreibt ihr dann, gestützt auf eure Erfahrungen, ein Theaterstück, das ihr selber spielt.

Besonders reizvoll ist es, ein Lied oder eine Ballade als Musical zu inszenieren.

Musical und Moritaten

Viele der folgenden Lieder sind Moritaten, Drehorgelballaden und Bänkelsongs, die auf Jahrmärkten von sogenannten Bänkelsängern vorgetragen wurden.

Bänkelsänger standen auf einer Bank (daher der Name), um im allgemeinen Jahrmarktradau gesehen und gehört zu werden. Während sie sangen, zeigten sie mit einem Stock auf naiv gemalte Bilder einer Wachstafel, die die Szenen der Balladen darstellten.

Einer von euch – oder ein Chor – kann nun den Bänkelsänger spielen, und die anderen stellen die Szenen pantomimisch dar. Die Bilder auf den Wachstafeln werden lebendig. Es bietet sich auch die Chance, direkte Rede oder Zwiegespräche zu singen, als Solo oder Duett. Lasst euren Ideen freien Lauf – und auf einmal habt ihr aus einer Jahrmarktballade ein kleines Musical gezaubert.

Hier ein paar Anregungen:

Huckepack und Kaiserwort

Die folgende Ballade schrieb Gottfried August Bürger, 1747–1794, einer der bedeutendsten Balladendichter der deutschsprachigen Literatur. Bänkelsänger empfanden den Text als publikumswirksam, sangen ihn zu einer alten Melodie und machten ihn als Jahrmarkthit populär.

Geschildert wird die (sagenhafte oder historische?) Story von der Weibertreu und Weiberlist von Weinsberg, einer Stadt nördlich von Stuttgart: Beim Kampf gegen die Welfen gewährte König Konrad III. im Jahre 1143 den Frauen der von ihm belagerten Stadt Weinsberg freien Abzug. An Habe und Kostbarkeiten durften sie nur soviel mitnehmen, wie sie tragen konnten. Die schlauen Weiber von Weinsberg trugen – ihre Männer aus der Stadt und retteten sie vor dem Henkerstod.

Stört euch nicht daran, dass König Konrad III. in dieser Ballade irrtümlich als Kaiser vorgeführt wird. Lest sie euch durch und achtet auf dramatische Effekte:

Wer sagt mir an, wo Weins-berg liegt? soll sein ein wack-res Städt-chen:
Soll ha-ben treu und fromm ge-wiegt viel Wei-ber-chen und Mäd-chen.

Kommt mir ein-mal das Frei-en ein, so ── will ich eins aus Weins-berg frein.

2. Einstmals der Kaiser Konrad war
   Dem guten Städtchen böse
   Und rückt heran mit Kriegesschar
   Und Reisigengetöse,
   Umlagert es mit Ross und Mann
   Und schoss und rannte drauf und dran.

126

3. Und als das Städtlein widerstand
   Trotz allen seinen Nöten,
   Da ließ er, hoch von Grimm entbrannt,
   Den Herold 'neintrompeten:
   Ihr Schurken, komm ich 'nein, so wisst,
   Soll hängen, was die Wand bepisst!

4. Drob als er den Avis also
   Hineintrompeten lassen,
   Gab's lauter Zetermordio,
   Zu Haus und auf den Gassen:
   Das Brot war teuer in der Stadt,
   Doch teurer noch war guter Rat.

5. Doch wann's Matthä' am Letzten ist,
   Trotz Raten, Tun und Beten,
   So rettet oft noch Weiberlist
   Aus Ängsten und aus Nöten.
   Denn Weibertreu und Weiberlist
   Gehn über alles, wie ihr wisst.

6. Ein junges Weibchen lobesan,
   Seit gestern erst getrauet,
   Gibt einen klugen Einfall an,
   Der alles Volk erbauet;
   Den ihr, sofern ihr anders wollt,
   Belachen und beklatschen sollt.

7. Zur Zeit der stillen Mitternacht
   Die schönste Ambassade
   Von Weibchen sich ins Lager macht
   Und bettelt dort um Gnade.
   Sie bettelt sanft, sie bettelt süß,
   Erhält doch aber nichts, als dies:

8. »Die Weiber sollten Abzug han
   Mit ihren besten Schätzen,
   Was übrigbliebe, wollte man
   Zerhauen und zerfetzen.« –

Mit der Kapitulation
Schleicht die Gesandtschaft trüb davon.

9. Drauf als der Morgen tritt hervor,
Gebt Achtung! Was geschiehet?
Es öffnet sich das nächste Tor,
Und jedes Weibchen ziehet
Mit ihrem Männchen, schwer im Sack,
– So wahr ich lebe! – Huckepack.

10. Manch Hofschranz suchte zwar sofort,
Das Kniffchen zu vereiteln;
Doch Konrad sprach: »Ein Kaiserwort
Soll man nicht drehn und deuteln.
Ha! bravo!« rief er, »bravo so!
Meint' unsre Frau es auch nur so!«

11. Er gab Pardon und ein Bankett,
Den Schönen zu gefallen.
Da ward gegeigt, da ward trompet't
Und durchgetanzt mit allen,
Wie mit der Burgermeisterin,
So mit der Besenbinderin.

12. Ei! sagt mir an, wo Weinsberg liegt?
Ist gar ein wackres Städtchen.
Hat, treu und fromm und klug gewiegt,
Viel Weiberchen und Mädchen.
Es muss, kommt mir das Freien ein,
Fürwahr! muss eins aus Weinsberg frein.

Von Solosänger oder Chor vorgetragen, gibt die Ballade pantomimisch viel her: Lagerleben der Truppen vor der Stadt, aufgeregte Bürger in der Stadt, Umzingelung, vergebliche Angriffe, Herold vor den Stadtmauern, mitternächtlicher Bittgang der jungen Frau, Verhandlung mit Belagerern, Rückkehr der Frau, Besprechung und Getuschel der listigen Weiber. Dann der Höhepunkt: Frauen nehmen Männer huckepack, Protest der Hofschranzen, Gnadenerweis des Königs, Tanzszenen zum Schluss.

Es bieten sich aber auch Solopartien an: der deftige Aufruf des Herolds beispielsweise in der 3. Strophe, die Drohung des Verhandlungsführers in der 8. Strophe, das Kaiserwort in der 10. Strophe.

Darüber hinaus ist es euch unbenommen, selber Text dazuzudichten: So kann etwa die mitternächtliche Verhandlung zwischen der jungen Frau und den Belagerern als Dialog geschrieben oder als Duett gesungen werden.

Räuberdrama à la Rinaldini

Nach demselben Prinzip könnt ihr die folgende Räuberballade als Räuberdrama inszenieren. Der Text stammt aus dem 1798 erschienenen Bestseller »Rinaldo Rinaldini, der Räuberhauptmann«, verfasst von Goethes Schwager Christian August Vulpius.

Das Rinaldini-Lied hatte ursprünglich 10 Strophen, die, von Moritatensängern zu einer alten Volksmelodie gesungen, dem Jahrmarktpublikum leicht ins Ohr gingen.

Der Polizei war das ein Dorn im Auge. Sie erließ ein Aufführungsverbot für Jahrmärkte. Begründung: Die letzte Strophe verherrliche das Räuberleben.

Das Lied durfte erst wieder öffentlich gesungen werden, als ein unbekannter Reimeschmied zwei moralische Strophen dazudichtete, die Strophen 11 und 12.

Diesen literaturhistorisch recht interessanten Hinweis sollte einer von euch als Sprecher zwischen den Strophen 10 und 11 geben. So lautet das Rinaldini-Lied, das viele Möglichkeiten für Pantomime, farbige Szenen und Wechselgesänge bietet:

In des Wal-des fin-stren Grün-den, in den Höh-len tief ver-steckt, in den Höh-len tief ver-steckt, schläft der Räu-ber al-ler-kühn-ster, bis ihn sei-ne Ro-sa weckt, bis ihn sei-ne Ro-sa weckt.

2. »Rinaldini!« ruft sie schmeichelnd,
   »Rinaldini, wache auf!
   Deine Leute sind schon munter,
   Längst schon ging die Sonne auf!«

3. Draußen bellen laut die Hunde,
   Alles strömet hin und her;
   Jeder rüstet sich zum Streite,
   Ladet doppelt sein Gewehr.

4. Und der Hauptmann, schon gerüstet,
   Tritt nun mitten unter sie:
   »Guten Morgen, Kameraden!
   Sagt, was gibt's denn schon so früh?«

5. »Unsre Feinde sind gerüstet,
   Ziehen gegen uns heran.« –
   »Nun wohlan! Sie sollen sehen,
   Dass der Waldsohn fechten kann!

6. Lass uns fallen oder siegen!«
   Alle rufen: »Wohl, es sei!«
   Und es tönen Berg und Wälder
   Ringsumher vom Feldgeschrei.

7. Seht sie fechten, seht sie streiten.
   Jetzt verdoppelt sich ihr Mut;
   Aber ach! Sie müssen weichen,
   Nur vergebens strömt ihr Blut.

8. Rinaldini, eingeschlossen,
   Haut sich, mutig kämpfend, durch
   Und erreicht im finstren Walde
   Eine alte Felsenburg.

9. Zwischen hohen düstren Mauern
   Lächelt ihm der Liebe Glück;
   Es erheitert seine Seele
   Seiner Rosa Zauberblick.

10. Rinaldini, lieber Räuber!
    Raubst der Rosa Herz und Ruh:
    Ach, wie schrecklich in dem Kampfe
    Wie verliebt im Schloss bist du!

       *   *   *

11. Lispelnd sprach das holde Mädchen:
    »Höre an, Rinaldo mein,
    Werde tugendhaft, mein Lieber,
    Lass das Räuberhandwerk sein!«

12. »Ja, das will ich, liebste Rosa!
    Will ein braver Bürger sein, –
    Und ein ehrlich Handwerk treiben,
    Stets gedenken dabei dein.«

Löwen unterm Lagerturm

Das folgende Lied wurde als Parodie auf reißerische Jahrmarktballaden geschrieben und sollte die Bänkelsänger lächerlich machen.

Doch ebendiese Bänkelsänger griffen die Ballade auf und sangen sie zur altbewährten Melodie »Guter Mond, du gehst so stille« für zahlendes Publikum.

Statt der Bäume, von denen im Lied die Rede ist, könnt ihr euren Lagerturm oder einen Hochsitz verwenden.

O wie stehst du mit_-ter_-näch_-tig, dust-rer Ur-wald dor_-ten_ da!
O wie bist du groß_und_präch_-tig, Inn-res von Ex - o_ - ti_ - ka!

2. O wie war der Tag erhitzet
   Und wie ist der Abend rau!
   Auf den Bäumen aber sitzet
   Rechts Herr Schulze, links die Frau.

3. Zu 'nem Balle soll'n sie heute
   Bei dem nächsten Pflanzer ziehn;
   Und sie nahmen's an mit Freude,
   Nur drei Meilen sein's bis hin.

4. Auf zwei Sklaven steigen beide,
   Die man dort statt Droschken hat;
   Da geschah zu ihrem Leide
   Eine große Moritat.

5. Denn es dringt aus Waldes Mitte
   Bär und Löwe auf sie ein,
   Ohne Bildung, ohne Sitte,
   Weil dort keine Schulen sein.

6. Fressbegierig stürzt das wilde
   Viehzeug auf die Sklaven her,
   Und von ihnen sieht im Bilde
   Man auch keinen Knochen mehr.

7. Vieles Geld geht da zugrunde,
   Was der Herr für sie gab weg;
   Doch er selber hat gefunden
   Einen Baum zum Zufluchtsfleck.

8. Eines andren Urbaums Wipfel
   Hat die Gattin sich gewählt;
   Nach der Hoffnung letztem Zipfel
   Fassen beide angstbeseelt.

9. O ihr wilden Tiergemüter,
   Die ihr durch die Wüste irrt!
   Was sind alle Erdengüter,
   Wenn man aufgefressen wird!

Die Show des Doktor Eisenbarth

In dieser Ballade wird Doktor Eisenbarth, 1663–1727, als sagenhafter Quacksalber geschildert. Zu Unrecht: Er war keine Sagengestalt und kein Quacksalber, sondern einer der besten Wundärzte seiner Zeit, außerdem Träger höchst ehrenwerter Titel: *Königlich Großbritannischer und Kurfürstlich Braunschweigisch-Lüneburgisch privilegierter Landarzt, Königlich preussischer Rat* und *Hofoculist von Magdeburg.*
Er trat auf Jahrmärkten mit einem Tross von Gauklern, Artisten und Bärentreibern auf und bot seine Künste marktschreierisch an. Deshalb geriet er in den Ruf eines Quacksalbers.

Ich bin der Dok-tor Ei-sen barth,
ku - rier die Leut' nach mei-ner Art.
val - le -ral- le - ri, juch - he! Kann
ma - chen, dass die Blin-den gehn, val - le -ral-le - ri, juch - hei - sa - sa, und
dass die Lah - men wie - der sehn, val - le -ral- le - ri, juch - he!

2. In Wimphen accouchierte ich
   Ein Kind zur Welt gar meisterlich:
   Dem Kind zerbrach ich sanft das G'nick,
   Die Mutter starb zum guten Glück.

3. In Potsdam trepanierte ich
   Den Koch des großen Friederich:
   Ich schlug ihn mit dem Beil vorn Kopf,
   Gestorben ist der arme Tropf.

4. Zu Ulm kuriert' ich einen Mann,
   Dass ihm das Blut vom Beine rann:
   Er wollte gern gekuhpockt sein,
   Ich impf' ihn mit dem Bratspieß ein.

5. Des Küsters Sohn in Dideldum,
   Dem gab ich zehn Pfund Opium:
   Drauf schlief er Jahre, Tag und Nacht,
   Und ist bis jetzt noch nicht erwacht.

6. Sodann dem Hauptmann von der Lust
   Nahm ich drei Bomben aus der Brust;
   Die Schmerzen waren ihm zu groß:
   Wohl ihm! er ist die Schmerzen los.

7. Es hatt' ein Mann in Langensalz
   Ein'n zentnerschweren Kropf am Hals,
   Den schnürt' ich mit dem Heuseil zu:
   Probatum est, er hat jetzt Ruh':

8. Das ist die Art, wie ich kurier,
   Sie ist probat, ich bürg dafür;
   Dass jedes Mittel Wirkung tut,
   Schwör ich bei meinem Doktorhut.

Kolumbus-Sketch

Die Kolumbus-Ballade ist nichts anderes als der gesungene Uraltwitz von Amerikas Entdeckung: Gelegenheit für einen Sketch – eine kabarettistisch pointierte, flott gespielte Kurzszene.

Ein Mann, der sich Ko-lum-bus nannt', wi-de-wi-de-witt, bum, bum,
war in der Schiff-fahrt wohl-be-kannt, wi-de-wi-de-witt, bum, bum. Es
drück-ten ihn die Sor-gen schwer, er such-te neu-es
Land im Meer. Glo-ri-a, Vik-to-ri-a,
wi-de-wi-de-witt, juch-hei-ras-sa, -witt, bum, bum.

2. Als er den Morgenkaffee trank,
   Da rief er fröhlich: »Gott sei Dank!«
   Denn schnell kam mit der ersten Tram
   Der span'sche König bei ihm an.

3. »Kolumbus«, sprach er, »lieber Mann,
   Du hast schon manche Tat getan!
   Eins fehlt noch unsrer Gloria:
   Entdecke mir Amerika!«

4. Gesagt, getan, ein Mann, ein Wort,
   Am selben Tag fuhr er noch fort.
   Und eines Morgens schrie er: »Land!
   Wie deucht mir alles so bekannt!«

5. Das Volk am Land stand stumm und zag,
   Da sagt' Kolumbus: »Guten Tag!
   Ist hier vielleicht Amerika?«
   Da schrien alle Wilden: »Ja!«

6. Die Wilden waren sehr erschreckt
   Und schrien all: »Wir sind entdeckt!«
   Der Häuptling rief ihm: »Lieber Mann
   Alsdann bist du Kolumbus dann!«

Zunder für die Eisebahne

Mit Chor, Solopartien und Pantomime könnt ihr der berühmten Eisebahne so richtig Dampf machen:

2. Auf de schwäb'sche Eisebahne
   Gibt es viele Restauratione,
   Wo ma esse, trinke ka,
   Alles, was der Mage ma.

3. Auf de schwäb'sche Eisebahne
   Braucht man keine Postillione.
   Was uns sonst das Posthorn blies.
   Pfeift jetzt die Lokomotiv.

4. Auf de schwäb'sche Eisebahne
   könne Kuh und Ochse fahre,
   D' Studente fahre erste Klass',
   Sie mache das halt nur zum Spaß.

138

5. Auf de schwäb'sche Eisebahne
   Wollt amal a Bäurle fahre,
   Geht an'n Schalter, lüpft de Hut:
   »Oi Billettle, seid so gut!«

6. Eine Geiß hat er sich kaufet,
   Und dass die ihm nit entlaufet,
   Bindet sie de gute Ma
   Hinte an de Wage a.

7. »Böckli, tu nur woidle springe,
   s' Futter werd i dir scho bringe.«
   Setzt si zu seinem Weible na
   Und brennt's Tabakpfeifle a.

8. Auf de nächste Statione,
   Wo er will sei Böckle hole,
   Find't er nur no Kopf und Soil
   An dem hintre Wagetoil.

9. Do kriegt er en große Zorne,
   Nimmt de Kopf mitsamt dem Horne,
   Schmeißt en, was er schmeiße ka,
   Dem Konduktör an'n Schädel na:

10. »So, du kannst de Schade zahle,
    Warum bis d' so schnell gefahre!
    Du alloine bis schuld dara,
    Dass i d' Goiß verlaure ha!«

11. So, jetzt wär das Lied gesunge,
    s' hätt euch wohl in d' Ohr geklunge,
    Wer's no nit begreife ka,
    Fangt's no mal von vorne a!

Teufelssage und Höllensturz

Die Sage vom Teufelspakt des Dr. Faust, in dieser Jahrmarktballade besungen, haben bedeutende Dichter verarbeitet, Goethe beispielsweise, Heinrich Heine, Thomas Mann usw.

Faust und Mephisto wurden von berühmten Schauspielern dargestellt. Ihr befindet euch also in bester Gesellschaft, wenn ihr die Faust-Story entsprechend der Jahrmarktballade inszeniert.

Johannes Faust hat wirklich gelebt (1480–1540), er war der bekannteste Jahrmarktgaukler seiner Zeit, er galt als Alchimist, Dämonenbeschwörer und Erzzauberer. Nach seiner Ermordung entstand die Sage von seinem Teufelspakt:

Hört, ihr Christen, mit Verlangen etwas Neues ohne Graus: wie die eitle Welt tut prangen mit Johann, dem Doctor Faust.

2. Zu Anhalt war er geboren,
   Er studiert' mit allem Fleiß;
   In der Hoffart auferzogen,
   Richtet sich nach alter Weis'.

3. Vierzigtausend Geister er zitierte
   Mit Gewalt wohl aus der Höll',
   Doch es war nicht einer drunter,
   Der ihm recht konnt' tauglich sein.

4. Nur Mephisto, dem Geschwinden,
   Gab er seine Seele drein,
   Denn sonst keiner in der Höllen,
   Welcher diesem gleich konnt' sein.

5. Dafür musst' er Geld ihm schaffen,
   Gold und Silber, was er nur wollt';
   Er hat auch zu allen Sachen
   Viele Geister hergeholt.

6. Zu Straßburg schoss er nach der Scheiben,
   Dass er haben konnt' sein' Freud';
   Tät oft nach dem Teufel schießen,
   Dass er vielmals laut aufschreit.

7. Kegelschieben auf der Donau
   War zu Regensburg sein Freud',
   Fisch zu fangen nach Verlangen
   War seine Ergetzlichkeit.

8. Wie er an dem heil'gen Karfreitag
   Nach Jerusalem kam auf die Straß',
   Allwo Christus am heiligen Kreuzstamm
   Hinge ohne Unterlass.

9. Mephistophelus geschwinde
   Mußte gleich ganz eilen fort,
   Und ihm bringen drei Ellen Leinwand
   Von einem gewissen Ort.

10. »Satan, du sollst mir jetzt abmalen
    Christus an dem heiligen Kreuz,
    Und dazu die fünf Wunden alle
    Gib nur acht, dass dir's nicht leid;

11. Dass du nicht fehlst an dem Titel,
    An dem heiligen Namen sein!
    Wirst du dieses recht abmalen,
    Sollst du mir nicht mehr dienstbar sein.«

12. »Dieses kann ich nicht abmalen,
    Bitt dich drum, o Doctor Faust,
    Ich tat dir schon großen Gefallen.
    Fordre nunmehr dies nicht auch.

13. Denn es ist ja ganz unmöglich,
    Dass ich schreib Herr Jesu Christ,
    Weil ja in der ganzen Welt
    Nichts heiliger zu finden ist.«

14. In derselben Viertelstunde
    Kam ein Engel von Gott gesandt,
    Der tät' ja so fröhlich singen
    Mit einem englischen Lobgesang.

15. Solang der Engel dagewesen,
    Wollt' sich bekehren Doctor Faust;
    Als er fort, tät' er sich abkehren;
    Sehet an den Höllengraus!

16. Der Teufel hatte ihn verblendet,
    Malt ein Venusbild an die Stell':
    Die bösen Geister kamen eilends,
    Führten ihn mit in die Höll'.

Heiligenlegende und Drachenstich

Die Georgslegende vom Drachenkampf wird auf vielen
Volksbühnen als sogenanntes »Drachenstich«-Drama dargestellt.

Der heilige Georg, um 280 in Kappadozien geboren, war
römischer Offizier des Kaisers Diokletian und wurde im
Jahre 303 zu Tode gemartert, weil er Christ war. Er ist
Schutzpatron der Pfadfinder und Reiter, er war Fürsprecher
der Ritter und Kreuzritter, der Landsknechte und Muske-
tiere. Der Legende nach rettete Georg die Königstochter
von Beirut, die einem Drachen geopfert werden sollte.

Gedenktag des heiligen Georg ist der 23. April – ein guter
Anlass, die im Lied geschilderte Georgslegende zu inszenieren:

»Herr Kö - nig, was ru - fest du Ach und Weh?« »Mein Töch-ter-lein kla-get am Dra - chen-see. Durch das Ried Klingt und zieht das Rei - ter - lied! Mein Töch-ter - lein kla - get am Dra - chen-see.«

2. Als sie da saß in Trauern schwer,
   Da ritt der Ritter Jürg daher.
   Durch das Ried klingt und zieht das Reiterlied!
   Da ritt der Ritter Jürg daher.

3. »O Jungfrau zart, gib mir Bescheid:
   Weshalb stehst du in solchem Leid?
   Durch das Ried klingt und zieht das Reiterlied!
   Weshalb stehst du in solchem Leid?«

4. Die Jungfrau sprach: »Flieh bald von hier,
   Dass du nicht sterben musst mit mir.
   Durch das Ried klingt und zieht das Reiterlied!
   Dass du nicht sterben musst mit mir.«

5. »Ich will durch Hilfe von Gottes Sohn
   Allhier euch ritterlich Beistand tun.
   Durch das Ried klingt und zieht das Reiterlied!
   Allhier euch ritterlich Beistand tun.«

6. »Flieht, Ritter, schont das junge Leben,
   Ihr müßt den Leib drum geben!
   Durch das Ried klingt und zieht das Reiterlied!
   Ihr müßt den Leib drum geben!«

7. Der Ritter setzt sich geschwind zu Ross
   Und eilet auf den Drachen groß.
   Durch das Ried klingt und zieht das Reiterlied!
   Und eilet auf den Drachen groß.

8. Das heilige Kreuz macht er vor sich,
   Gar christelich und ritterlich.
   Durch das Ried klingt und zieht das Reiterlied!
   Gar christelich und ritterlich.

9. Dann rannte er an mit seinem Spieß,
   Den er tief in den Drachen stieß.
   Durch das Ried klingt und zieht das Reiterlied!
   Den er tief in den Drachen stieß.

10. Dann zog der Ritter aus sein Schwert
    Und schlug den Drachen zu der Erd'.
    Durch das Ried klingt und zieht das Reiterlied!
    Und schlug den Drachen zu der Erd'.

11. Der König bot dem heiligen Mann
    Viel Silber und Geld zu Ehren an.
    Durch das Ried klingt und zieht das Reiterlied!
    Viel Silber und Geld zu Ehren an.

12. Das schlug der Ritter alles aus:
    Man soll's den Armen teilen aus.
    Durch das Ried klingt und zieht das Reiterlied!
    Man soll's den Armen teilen aus.

13. Als er nun schier wollt ziehen ab,
    Die Lehr' er noch dem König gab:
    Durch das Ried klingt und zieht das Reiterlied!
    Die Lehr' er noch dem König gab:

14. »Die Kirche Gottes, des Herren dein,
    Lass dir allzeit befohlen sein!
    Durch das Ried klingt und zieht das Reiterlied!
    Lass dir allzeit befohlen sein!«

Orientierungsspiele

Der ruhende Pol

Den richtigen Weg finden, Irrwege vermeiden, das Ziel erreichen: Das ist leicht erlernbar mit Orientierungstechniken und Orientierungsspielen.

Ruhender Pol aller Orientierung ist der magnetische Nordpol. Er zieht magnetisch die Spitze der Kompassnadel an. Sie zeigt nach Norden. Und aus der Nordrichtung ergeben sich die vier Himmelsrichtungen: Norden, Süden, Osten, Westen.

Lass uns also erst einmal feststellen, wo Norden ist. Mit dem Kompass ist das keine Kunst. Fangen wir deshalb ohne Kompass an – mit den Künsten der Waldläufer, der Indianer und Karawanenführer vergangener Zeiten.

Waldläuferkünste

Der Wind weht in unseren Breiten fast immer aus Nordwest und hinterlässt entsprechende Spuren:

- Im Nordwesten eines Baumes ist die Rinde mit Moos bewachsen, denn der Nordwestwind schnalzt permanent Regen und Feuchtigkeit an die Nordwestseite des Baumes und begünstigt damit das Wachsen des Mooses.
- Im Nordwesten eines Baumes sind die Äste kürzer und mehr vom Wind zerzaust.

Baum unter dem Druck
des Nordwestwindes

- Im Nordwesten sind die Jahresringe auf Baumstümpfen enger beisammen.

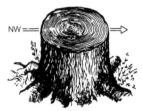

Jahresringe unter dem Druck des Nordwestwindes

- Im Nordwesten von Bäumen, Felszacken, Säulen und Gipfelkreuzen ist der meiste Schnee angeweht. In Nordwestrichtung wachsen auch die sogenannten Eisbärte an Bäumen, Felszacken und Gipfelkreuzen. Sie wachsen dem Wind entgegen.

- Im Südosten von Bäumen hausen Borkenkäfer unter der Rinde. Denn diese Seite ist vom ungemütlichen Nordwestwind geschützt.

- Im Südosten liegen die Wellenüberschläge von Schneeverwehungen und Sanddünen, denn Schnee und Sand werden von Nordwest nach Südost geweht.

Der gute Stern

Nachts kannst du die Nordrichtung am Sternenhimmel ablesen.

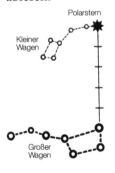

Polarstern

Kleiner Wagen

Großer Wagen

In unseren Breiten – genauer gesagt in der nördlichen Hemisphäre – zeigt der Polarstern die Nordrichtung. Er liegt an der fünfmal verlängerten Hinterachse des Sternbildes »Großer Wagen« (auch »Großer Bär« genannt) und an der Deichselspitze des »Kleinen Wagens« (»Kleiner Bär«).

In der südlichen Hemisphäre wird der längere Querbalken des Sternbildes

»Kreuz des Südens« viereinhalbmal bis zu einem imaginären Punkt verlängert. Dort ist Süden.

Das Kreuz des Südens   Süden

Sonne, Süden, Mittagszeit

Tagsüber zeigt die Sonne, wo's langgeht: Morgens bei Sonnenaufgang annähernd nach Osten, abends bei Sonnenuntergang annähernd nach Westen. Und exakt im Süden steht die Sonne, wenn es auf deiner Uhr 12 Uhr Mittag ist. (Falls die Uhr auf Sommerzeit umgestellt ist: 13 Uhr!)
Mit Sonne und Uhr kannst du zu jeder Tageszeit die Südrichtung genau bestimmen. Du richtest den kleinen Zeiger auf die Sonne und halbierst den Winkel zwischen Zeiger und 12-Uhr-Marke. (Sommerzeit: 13-Uhr-Marke). Die Halbierungslinie zeigt nach Süden. Das gilt für die nördliche Hemisphäre.
In der süd-

Nördliche Hemisphäre:
Orientierung mit der Uhr

lichen Hemisphäre richtest du die 12-Uhr-Marke nach der Sonne und halbierst den Winkel zum kleinen Zeiger. Die Halbierungslinie zeigt nach Norden.

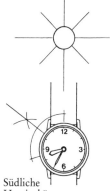

Südliche
Hemisphäre:
Orientierung mit der Uhr

147

Sonnenuhr und Nadelöhr

Wenn du keine Uhr dabei hast, dann mach dir eine Sonnenuhr. Du steckst einen Stock in ebene Erde und stellst fest, wann er den kürzesten Schatten wirft. Dann ist 12 Uhr Mittag. Der Schatten zeigt nach Norden.

Den kürzesten Schatten ermittelst du so: Du markierst ab dem späten Vormittag etwa alle 15 Minuten die Schattenspitzen mit Steinen und misst die Schattenlänge ab.

Und noch ein Tip, wie du dir einen Kompass selbst basteln kannst: Du reibst eine Nähnadel vom Öhr zur Spitze und legst sie auf Wasser. Die Nadel dreht sich, das Öhr zeigt in Nordrichtung.

Nun aber her mit einem richtigen Kompass!

Spiegeltrick und Kompassrose

Suche dir keinen billigen Kompass aus. Ein gutes Modell kostet sein Geld und hat:

1. eine Visiereinrichtung
2. leuchtende Markierungen aus Tritium
3. eine drehbare Kompassrose mit 360-Grad-Skala und Missweisungsmarke

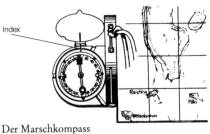

Der Marschkompass

4. einen aufklappbaren Spiegel, der einen Trick ermöglicht: den Blick auf Kompassrose und Kompassnadel bei gleichzeitigem Visieren in die Ferne
5. eine lange Anlegekante oder – bei Plexiglasmodellen – ein Fadenkreuz
6. einen Index, auch Peilmarke oder Ablesemarke genannt.

Lass dich nicht vom Kompass linken!

Wichtig! Auch der beste Kompass führt in die Irre, wenn man nicht an Störfaktoren denkt: Erze, Vulkanmaterial, Metalle und Elektroanlagen zerren nämlich die Kompassnadel aus der Nordrichtung. Der Kompass kann also ganz schön linken, und das ist gefährlich.

- Störfaktoren sind Berge mit hohem Gehalt an Eisenerz oder Magnetit, manchmal auch Lava und Vulkangestein. (Die Sagen von Magnetbergen, an denen Schiffe zerschellen, haben ihren wahren Kern. Die Kompassnadel wurde irritiert, die Orientierung war nicht möglich, die Schiffe fuhren einen falschen Kurs.)
  Deine Gegenmaßnahmen: Prüfe in solchen Gebieten den Kompass mehrmals nach dem Sonnenstand.
- Weitere Störfaktoren sind Starkstromleitungen, Kraftwerke, Gebäude aus Metall oder Eisenbeton, elektrische Anlagen, Autos, Handys, Transistorradios, Batterien und batteriebetriebene Geräte.
  Deine Gegenmaßnahmen: Geh bei der Kompasspeilung mindestens 12 Meter von Autos und den oben genannten Gegenständen weg, 100 Meter von Häusern aus Eisen und Beton, 300 Meter von Stromleitungen. (In Autos, Flugzeugen und Schiffen werden Kompasse mit Antimagneten kompensiert.)

- Mögliche Störfaktoren sind Metallgegenstände, die du am Körper hast: Armbanduhr zum Beispiel, Koppelschloss oder Taschenmesser.
  Gegenmaßnahmen: Einfluss auf die Kompassnadel prüfen, gegebenenfalls Armbanduhr und dergleichen wo anders aufbewahren.
- Die Kompassnadel blockiert bei schräg gehaltenem Kompass. Also Kompass immer exakt waagrecht halten.

Die Missweisung

Die Magnetnadel zeigt auf den magnetischen Nordpol. Er stimmt nicht genau mit dem geografischen Nordpol überein. Diese Missweisung oder Deklination, in unseren Gegenden unbedeutende 5 Grad, ist als Missweisungsmarke auf der Kompassrose markiert. In anderen Ländern, besonders in Polnähe, kann die Deklination wesentlich mehr betragen.

Die für eine Gegend gültige Missweisung muss erfragt und bei jeder Kompasspeilung berücksichtigt werden.

Wenn du die Missweisung beachtest, Störfaktoren ausschließt und einen Kompass hast, der die oben genannten Kriterien erfüllt, dann kann's losgehen mit Kompassarbeit und Orientierungsspiel.

Marschzahl-Ermittlung in der Landschaft

Nehmen wir an, du willst von deinem Zeltplatz aus zu einer Hütte auf halber Höhe eines 15 Kilometer entfernten Berges wandern. Nebel zieht auf. Berg und Hütte sind in ein paar Minuten nicht mehr zu sehen. Trotzdem findest du hin! Mit der Marschzahl. Und die musst du per Kompass ermitteln:

- Stelle die Kompassrose mit Norden am Index ein.
- Peile die Hütte mit der Visiereinrichtung an.
- Drehe die Kompassrose bei unveränderter Kompasshaltung so lange mit den Fingern, bis die Missweisungsmarke über der Kompassnadel steht. Im Spiegel kannst du das sehen, ohne die Hütte beim Visieren aus dem Auge zu lassen.
- Am Index kannst du die Marschzahl ablesen. Die Marschzahl bestimmt die Marschrichtung zur Hütte.

Der richtige Weg durch die Nebelsuppe

Und nun lass den Nebel ruhig kommen. Vielleicht siehst du nur noch 50 Meter weit. Macht nichts. Du hast ja die Marschzahl. Und damit kannst du die Marschrichtung zur Hütte peilen:

- Die Kompassrose bleibt mit der Marschzahl am Index.
- Du drehst dich selbst so lange, bis die Kompassnadel im Kompass auf die Missweisungsmarke einpendelt.
- Du blickst bei unveränderter Kompasshaltung durch die Visiereinrichtung auf ein markantes Nahziel, gehst drauf zu, peilst von dort das nächste sichtbare Nahziel an, und so fort, bis du bei der Hütte bist.
- Bei allen Peilungen musst du drauf achten, dass Kompassnadel und Missweisungsmarke exakt übereinstimmen.

Kartenleserei

Nach demselben Prinzip wie in der Landschaft lässt sich die Marschzahl auch auf der Landkarte ermitteln. Denn die Landkarte ist laut Lexikondefinition die verkleinerte Darstellung der Erdoberfläche oder ihrer Teile in der Ebene.
Es gilt also von Landschaft auf Landkarte umzudenken. Dazu einige Anmerkungen:
Auf jeder Landkarte ist oben Norden, unten Süden, links Westen und rechts Osten.
Der Maßstab einer Landkarte bezeichnet das Verkleinerungsverhältnis zur Natur. Maßstab 1 : 10.000 bedeutet, dass jede Strecke auf der Landkarte ein Zehntausendstel der wirklichen Entfernung ist, 1 Zentimeter entspricht 100 Metern.
Die Kartensymbole für Straßen, Wege, Pfade, Seilbahnen, Hütten, Burgen und dergleichen sind einheitlich und auf jeder Karte noch zusätzlich vermerkt.
Berge sind erkennbar an Isohypsen, auch Höhenlinien oder Schichtlinien genannt. Sie entsprechen den Schnittlinien, die entstehen würden, wollte man einen Berg waagrecht in gleich hohe Scheiben schneiden. Das heißt: Je steiler eine Stelle am Berg, desto näher liegen die Isohypsen beieinander, je flacher, desto weiter. Isohypsen sind meist farbig eingezeichnet: blau im Gletscher, schwarz im Fels, braun in den übrigen Berggebieten.
Alle Karten haben Gitternetze aufgedruckt: Längen- und Breitengrade und ein Netz mit gleichbleibenden Entfernungen zum Abschätzen von Distanzen. Nicht verwechseln!

Isohypsen

Krokizeichnerei

Pfadfinder und Pfadfinderinnen sollen Landkarten lesen, aber auch zeichnen können – sogenannte Krokis.

Maßstab, Isohypsen und andere Kriterien der Landkarte können annähernd genau sein, Hauptsache, die selbstgezeichnete Karte ist verständlich und für andere lesbar. Ganz exakt aber muss die Nordrichtung stimmen.

Das Einnorden

Lass uns nun wieder in die Nebelsuppe von vorhin eintauchen. Nehmen wir an: Du erreichst deinen Zeltplatz im dichten Nebel und kannst die Hütte in 15 Kilometer Entfernung auf halber Höhe des Berges nicht sehen.

Macht nichts. Auf der Landkarte oder einem Kroki siehst du sie eingezeichnet: mit dem Hüttensymbol irgendwo in den Isohypsen des Berges.

Zur Marschzahl-Ermittlung musst du die Landkarte zunächst einnorden: in Nordrichtung legen.

- Stelle die Kompassrose mit Norden am Index ein.
- Lege den Kompass mit der Anlegekante an den linken Kartenrand (siehe Zeichnung Seite 148).
- Drehe die Karte so lange, bis sich die Kompassnadel auf die Missweisungsmarke einpendelt. Achte darauf, dass der Kompass dabei nicht verrutscht. Er muss mit der Anlegekante immer am linken Kartenrand bleiben.

Die Karte liegt in Nordrichtung. Voraussetzung für jede weitere Kompassarbeit.

Marschzahl-Ermittlung auf der Landkarte

Die Richtung von deinem Zeltplatz zur Hütte ist auf der eingenordeten Landkarte haargenau die gleiche wie in der Landschaft. Die Ermittlung der Marschzahl auf der Landkarte geht so:

• Stelle die Kompassrose mit Norden am Index ein.
• Zeichne auf der Landkarte von deinem Standort eine Linie zum Ziel: vom Zeltplatz zur Hütte.
• Lege den Kompass mit der Anlegekante an die eben gezeichnete Linie, und zwar mit Visierrichtung zum Ziel: zur Hütte also.
• Dreh die Kompassrose, bis die Missweisungsmarke über der Kompassnadel steht.
• Am Index kannst du die Marschzahl ablesen, die dich zur Hütte führt.

Die auf der Karte ermittelte Marschzahl ist natürlich dieselbe, die du vorhin mit Blick auf die Hütte ermittelt hast. Deshalb kommst du mit derselben Methode zur Hütte wie im Kapitel *Der richtige Weg durch die Nebelsuppe* beschrieben.

Der eigene Standort

Die eben geschilderte Ermittlung der Marschzahl war leicht möglich. Denn du hast deinen eigenen Standort gekannt: Der Zeltplatz war in der Karte eingezeichnet.

Nehmen wir an, du kennst den eigenen Standort auf der Landkarte nicht. Nehmen wir weiter an, dass die Sicht gut ist. Dann kannst du den eigenen Standort so ermitteln:

• Karte einnorden.

- Suche zwei markante Punkte in der Natur, zwischen denen du stehst.
- Zeichne auf der Landkarte eine Linie zwischen diesen beiden Punkten.
- Wiederhole das Ganze mit zwei anderen Punkten.
- Der Schnittpunkt beider Linien ist dein Standort.

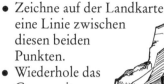

Ermittlung des eigenen Standortes

Wenn du nicht zwischen 2 mal 2 markanten Punkten stehst, dann stellst du den eigenen Standpunkt mit der Marschzahl fest:
- Du peilst in der Landschaft einen markanten Punkt an und ermittelst die Marschzahl, als würdest du drauf zugehen wollen.
- Du zeichnest von diesem Punkt entsprechend der Marschrichtung eine Linie auf die Landkarte.
- Du machst das Ganze noch mal mit einem anderen markanten Punkt.
- Der Schnittpunkt beider Linien ist dein Standort.

Immer wissen, wo's langgeht

Was aber, wenn einer den eigenen Standort nicht kennt und dichter Nebel die Sicht zu Peilzielen nimmt?
Ganz einfach: So etwas gibt's gar nicht. Oberstes Gebot in der Wildnis – immer wissen, wo's langgeht. Der eigene

Standort muss vom Start an bekannt sein und durch fort-
während Peilung immer aufs Neue ermittelt werden.

Wenn man sich trotzdem bei schlechter Sicht verirrt hat
und den eigenen Standort nicht kennt, dann lautet die über-
einstimmende Empfehlung aller Survival-Experten: nicht
weiter herumirren, bleiben, wo man ist, warten, bis das
Wetter besser wird. Und wenn's eng wird: Notsignale
geben.

Notsignale

SOS: rettet unsere Seelen

Hilfsbereitschaft gehört zu den Prinzipien der Pfadfinderbewegung und deshalb zum großen Spiel. Die Kenntnis
der Notsignale ist also wichtig,

- um zu helfen und Hilfe zu bringen,
- um sie senden zu können, wenn man selbst in eine
  schwierige Lage geraten sollte, und
- um Hilfsaktionen bei Pfadfinderspielen zu trainieren.

Allgemein bekannt ist der Seenotruf SOS, im Morsesystem
signalisiert:

$$\cdots / - - - / \cdots // \cdots / - - - / \cdots // \cdots / - - - / \cdots //$$

SOS ist die Abkürzung des englischen »save our souls«:
rettet unsere Seelen. Das Signal wird mit der Trillerpfeife
gepfiffen (die jeder Pfadfinder dabeihaben soll), mit der
Taschenlampe geblinkt oder sonst auf hörbare und sichtbare Weise gesendet: mit Signalspiegel zum Beispiel, mit

Autohupe oder Autoblinklicht, mit Rauchzeichen oder Feuerzeichen. Dabei wird eine Decke im SOS-Rhythmus kurz und lang über Qualm oder Feuer gehalten.

SOS hat sich überall als geradezu klassisches Notsignal durchgesetzt, nicht nur auf hoher See, sondern auch an Land und in den Bergen, bei Polizeibeamten, Piloten, Rettungsmannschaften, Bergwachtleuten und dergleichen.

6 Signale in 60 Sekunden: Bergnot!

In den Bergen gibt es zudem den alpinen Hilferuf: 6 hörbare oder sichtbare Signale in einer Minute.

Die Antwort: 3 Signale in einer Minute. Damit wird signalisiert: Ich habe das Notsignal aufgefangen, Hilfe kommt.

Mayday! Mayday!

Im Funksprechverkehr, über Handy zum Beispiel, gilt über alle Sprachbarrieren hinweg der internationale Hilferuf »Mayday«, eine Verballhornung des französischen »m'aider«, gesprochen »medee«: Helft mir!

Hilfsaktion bei Ypsilon

Mit folgenden Körpersignalen und Bodenzeichen können Piloten von einer Notsituation informiert und zu einer Hilfsaktion veranlasst werden:

Das Y-Zeichen: Ruhig hinstellen, beide Arme schräg emporhalten. Der Körper bildet ein Y, den Anfangsbuchstaben des englischen Wortes yes – ja, ich brauche Hilfe!

Das Y-Zeichen im Liegen bedeutet: Lebensgefahr, Notarzt soll kommen.

Wenn man signalisieren will, dass alles in Ordnung ist, wird das N-Zeichen gegeben: Ein Arm wird schräg nach oben, der andere schräg nach unten gestreckt. Der Körper bildet ein N – no, keine Hilfe nötig.

Die Bodenzeichen werden aus Steinen, Erde, Zweigen oder Baumstämmen gebildet, in den Schnee getreten oder in den Boden gegraben, möglichst deutlich, kontrastreich und mit Schatteneffekten. So sehen sie aus:

—	benötige Arzt	I>	ich versuche zu starten
=	benötige Medikamente	⊓	Flugzeug (Auto) schwer beschädigt
X	komme nicht weiter	△	wahrscheinlich guter Landeplatz
F	benötige Essen und Wasser	L	brauche Treibstoff
⌄⌄	benötige Waffen und Munition	N	nein
▢	benötige Karten und Kompass	Y	ja
– –	benötige Lampen, Batterie, Funkgerät	⅃L	habe nicht verstanden
K	in welche Richtung soll ich gehen?	W	benötige Mechaniker
→	ich bin in diese Richtung gegangen	LL	alles in Ordnung

3 Feuer – ein Signal

3 Feuer in einer Reihe oder in einem Dreieck und – wenn möglich – in 100 Metern Abstand gelten als Hilferufe und verpflichten jeden Piloten, der zufällig drüberfliegt, eine Rettungsaktion zu veranlassen.

Vorsicht also vor falschem Alarm: Passt auf, dass beim Zeltlager nicht ausgerechnet 3 Feuer zum Kochen in dieser Formation brennen. Sonst bekommt ihr möglicherweise eine Rettungsaktion verpasst, die ihr gar nicht braucht.

ADRESSEN

Deutschsprachige Pfadfinder- und Pfadfinderinnenverbände

Die folgenden Verbände sind in den beiden Weltorganisationen anerkannt: »The World Organization of the Scout Movement« und »World Association of Girl Guides and Girl Scouts«

Deutschland

Vorwahl für Gespräche aus dem Ausland: +49

Ring Deutscher Pfadfinderverbände
Martinstraße 2
41472 Neuss
Tel.: (0 21 31) 469 90
Fax: (0 21 31) 46 99 99
www.pfadfinder.de

Ring Deutscher Pfadfinderinnenverbände
Unstrutstraße 10
51371 Leverkusen
Tel.: (0 241) 230 15
Fax: (0 241) 240 34
www.pfadfinder.de

Bund der Pfadfinderinnen und Pfadfinder (BdP)
BdP-Bundesamt
Heinrich-Neeb-Straße 32
35423 Lich
Tel.: (0 64 04) 902 80
Fax: (0 64 04) 902 81
www.pfadfinder.de

Deutsche Pfadfinderschaft Sankt Georg (DPSG)
Martinstraße 2
41472 Neuss
Tel.: (0 21 31) 469 90
Fax: (0 12 13) 46 99 99
www.dpsg.de

Pfadfinderinnenschaft st. Georg (PSG)
Unstrutstraße 10
51371 Leverkusen
Tel.: (0 241) 230 15
Fax: (0 241) 240 34

Verband Christlicher Pfadfinderinnen und Pfadfinder
VCP Bundeszentrale
Wichernweg 3
34121 Kassel
Tel.: (0 561) 784 30
Fax: (0 561) 784 37 40
www.vcp.de

Österreich
Vorwahl für Gespräche aus dem Ausland: +43

Pfadfinder und Pfadfinderinnen Österreichs
Breite Gasse 13
1070 Wien
Tel.: (01) 523 31 95
Fax: (01) 523 31 95 44
www.ppoe.at
Weitere Informationen im Internet findest du unter:
www.pfadfinder.at

Schweiz

Vorwahl für Gespräche aus dem Ausland: +41

Pfadibewegung Schweiz
Mouvement Scout de Suisse (MSdS)
(Swiss Guide and Scout Movement)
Speichergasse 31
3000 Bern 7
Tel.: (0 31) 328 05 45
Fax: (0 31) 328 05 49
www.pbs.ch
Weitere Informationen findest du unter:
www.pfadfinder.ch

Liechtenstein

Vorwahl für Gespräche aus dem Ausland: +41

Pfadfinder und Pfadfinderinnen Liechtensteins
Obergasse 12
9292 Schaan
Tel.: (0 75) 232 63 20
Fax: (0 75) 232 73 30
⇨ statt +41-75
   jetzt +4-23

Luxemburg

Vorwahl für Gespräche aus dem Ausland: +35

Fédération Nationale des Scouts du Luxembourg (FNSL)
(Lëtzebuerger Scouten)
Centre Convict

5, avenue Marie-Thérèse
2132 Luxembourg
Tel.: (02) 447 43 256
Fax: (02) 447 43 249
www.scouten.lu

Fédération Nationale des Eclaireurs et Eclaireuses du
Luxembourg (FNEL)
43–45, rue de Hollerich
2132 Luxembourg
Tel.: (02) 264 80 450
Fax: (02) 264 80 430
www.fnel.lu

Belgien
Vorwahl für Gespräche aus dem Ausland: +32

Guidisme et Scoutisme en Belgique
(Gidsen- en Scoutsbeweging in België)
21, rue de Dublin
1050 Brüssel
Tel.: (02) 512 46 91

Fédération des Scouts Catholiques (FSC)
21, rue de Dublin
1050 Brüssel
Tel.: (02) 512 46 91
512 45 77 (répondeur)
Fax: (02) 511 46 87
www.fsc.be

Pfadfinder Region HOHE SEEN
Am Berg 52
4700 Eupen
Tel.: (87) 55 43 64
Fax: (87) 55 70 34
www.sankt-martin.org

Niederlande
Vorwahl für Gespräche aus dem Ausland: +31

Scouting Nederland
Larikslaan 5
3833 AM Leusden
Tel.: (0 33) 496 09 11
Fax: (0 33) 496 02 22
www.scouting.nl

Walter Hansen

Das große Pfadfinderbuch

Ein Buch für alle Pfadfinder und alle, die es gerne
sein oder werden möchten.
Ein praktischer Führer für jede Situation:
Leben und überleben in der Natur, Ausrüstung,
Orientierung, Kartenlesen, Messen ohne Metermaß,
Feuermachen, Wetterkunde, Zeltlager, Seil und
Knoten, Morsesignale, Spurenlesen und Naturkunde
sowie Ratschläge und präzise Anleitungen für
Notfälle und erste Hilfe.
Alles über die Pfadfinderbewegung und ihre aktuelle und
zukunftweisende Bedeutung für die Jugend.

192 Seiten

UEBERREUTER